예수 그는 누구인가?

― 이영규 지음 ―

나는 생명의 떡이다

나는 세상의 빛이다

나는 양의 문이다

나는 선한 목자이다

나는 길이요 진리요 생명이다

나는 참포도나무다

나는 부활이요 생명이다

쿰란출판사

 **머리말**

저는 40대 중반부터 직장 생활을 하면서 그리스도신학대학교 신학대학원(야간부)과 강남대학교대학원에서 신학을 공부했습니다. 목사가 되기 위해서가 아니라 신학이라는 학문에 관심이 있었기 때문이었습니다. 공부를 하면서 저에게 소박한 꿈이 있다면 그것은 대학 강단에 서는 일이었습니다. 신학박사 학위를 취득한 후 저의 꿈은 이루어졌습니다. 숭실대학교, 그리스도신학대학교, 강남대학교에서 외래교수로 학생들을 가르쳤습니다. 불교대학이라 할 수 있는 동국대학교대학원에서 정보윤리를 주제로 강의하기도 했습니다. 강의하면서 예수님을 소개하기도 했습니다

그 후 저는 55세 되던 해에 뜻하지 않게 제가 장로로 섬기던 아주 작은 교회의 담임 목사가 되었습니다. 목사가 되려는 마음은 전혀 없었는데 하나님께서 목사의 길로 인도해 주신 것이라 생각합니다.

제가 목사직을 은퇴하고 몇 년이 지난 후 어느 날 한 친구에게서 "예수님이 어떤 분이냐?"라는 질문을 받았습니다. 이 친구는 크리스천은 아니지만 예수님에 대해 궁금한 것이 많아 친구이자 목사인 저에게 이런 질문을 했던 것 같습니다. 예수님을 증거하는 목사인 저는 이 질문을 받고 잠시 당황했습니다. 예수님이 누구인지 몇 마디

로 설명할 수는 없기 때문입니다.

저는 그때 나름대로 예수님에 대해 설명해 주었지만, 지금 생각하면 매우 부족했던 것 같습니다. 그 후 저는 성경 말씀을 중심으로 예수님이 누구인지 정리해서 사람들에게 알려야겠다는 마음으로 이 책을 쓰게 되었습니다.

원고를 쓰면서 예수님에 대해 더 깊이 알게 되었습니다. 하나님의 은혜가 아닐 수 없습니다. 이 책이 저에게 질문했던 그 친구에게 만족할 만한 답이 되었으면 하는 바람입니다.

예수님은 천국에 대한 비유 이야기에서 어떤 사람이 자기가 소작하고 있는 밭을 갈다가 우연히 보화를 발견하고는 자기의 소유를 다 팔아 그 밭을 샀다고 했습니다. 어떤 사람은 진주 수집가로 귀한 진주를 찾기 위해 노력한 결과 극히 값진 진주 하나를 발견해 자기의 소유를 다 팔아 그 진주를 샀다고 했습니다.

여기서 '보화'와 '진주'는 예수 그리스도를 가리키고 있습니다. 두 이야기는 예수님이 누구인지 우연히 알게 되는 사람도 있고, 노력하고 연구한 끝에 비로소 알게 되는 사람도 있다는 것을 말해 주고 있습니다.

2세기 초 저스틴이라는 교부가 있었습니다. 그는 당시 유명한 철학자였습니다. 인생의 의미를 깨닫기 위해 여러 철학자들을 찾아다녔지만, 만족할 만한 진리를 찾지 못하고 방황했습니다. 어느 날 해변가를 거닐며 사색하다가 한 노인을 만나 대화를 나누게 되었습니다. 그 노인은 저스틴의 플라톤 사상을 논박하면서 예수 그리스도를 전했습니다.

그는 노인의 말이 사실인지 확인하기 위해 성경책을 꼼꼼히 읽었습니다. 그러고 나서 예수님만이 구원자가 되심을 확신하게 되었습니다. 예수님이 귀한 진주이심을 발견했다는 말입니다.

이 책을 읽고 단 한 사람이라도 예수님이 보화임을 알고 믿게 된다면 더 이상 바랄 것이 없을 것 같습니다. 또한 크리스천들이 이 책을 읽고 예수님에 대해 보다 더 정확히 이해하는 계기가 될 수 있기를 소망해 봅니다.

작은 교회의 사모로서 어려움이 많았으나 묵묵히 내조한 아내 장동원 님이 고맙고, 저의 목회를 적극적으로 도와주신 한마음교회 성도님들(특히 박화자 전도사님, 강영모 장로님, 구경배·김하권 안수집사님과 이근옥·이인순·임문자·장동주 권사님, 박혜연 반주자님)에게 감사합니다. 그리고 제가 목회하는 동안 많은 격려를 해준 소망교회 이우철 집사(저의 고등학교, 대학교 친구)에게도 감사합니다.

흔쾌히 출간을 허락해 주신 이형규 장로님과 원고를 교정해 주신 쿰란출판사 관계자들에게 감사합니다.

무엇보다도 심히 부족한 저를 당신의 귀한 종으로 택하시고 인도해 주신 주님의 은혜에 감사드립니다.

2025년 7월

이영규 목사

 차례

머리말 · 2

예수, 그는 누구인가?　　　　　　　　　　　· 8
예수님의 탄생　　　　　　　　　　　　　　· 11
유월절 어린양　　　　　　　　　　　　　　· 17
방주의 문　　　　　　　　　　　　　　　　· 24
장대에 달린 놋뱀　　　　　　　　　　　　　· 26
여호와의 종　　　　　　　　　　　　　　　· 28
신랑　　　　　　　　　　　　　　　　　　· 37
메시아　　　　　　　　　　　　　　　　　· 39
도피성　　　　　　　　　　　　　　　　　· 41
말씀　　　　　　　　　　　　　　　　　　· 44
만나　　　　　　　　　　　　　　　　　　· 46
목자　　　　　　　　　　　　　　　　　　· 49
반석　　　　　　　　　　　　　　　　　　· 51
보혜사　　　　　　　　　　　　　　　　　· 54
생명의 떡　　　　　　　　　　　　　　　　· 58
다윗의 자손　　　　　　　　　　　　　　　· 63
유대인의 왕　　　　　　　　　　　　　　　· 69

대제사장	·72
랍비	·80
선생	·86
선지자	·88
성전	·97
교회의 머리	·101
모퉁잇돌	·107
예수님의 본성	·111
참 하나님이신 예수	·119
참 인간이신 예수	·128
하나님과 예수님과 성령	·131
나는 생명의 떡이다	·146
나는 세상의 빛이다	·157
나는 양의 문이다	·167
나는 선한 목자다	·177
나는 부활이요 생명이다	·186
나는 길이요 진리요 생명이다	·198
나는 참 포도나무다	·212

예수, 그는 누구인가?

12월 25일은 예수님의 탄생을 기념하는 성탄절로 기독교인뿐 아니라 모든 지구인들의 축제의 날이기도 합니다. 하지만 예수님에 대해 제대로 알고 있는 사람은 그리 많지 않은 것 같습니다. 예수님이 어느 날 제자들에게 물었습니다.

"사람들이 인자를 누구라 하느냐"(마 16:13).

사람들이 자신에 대해 어떻게 알고 있는가에 대한 질문이었습니다. 그러자 제자들이 이렇게 대답했습니다.

"이르되 더러는 세례 요한, 더러는 엘리야, 어떤 이는 예레미야나 선지자 중의 하나라 하나이다"(마 16:14).

당시 사람들은 대체로 예수님을 선지자로 인식하고 있었습니다. 이는 예수님을 부분적으로 이해했을 뿐 정확히 알고 있지 못했음을 보여 줍니다.

오늘날도 마찬가지입니다. 예수님이 누구냐고 물어보면 소크라테스, 석가모니, 공자와 함께 4대 성인 중 한 분이라고 하는 사람들도 있고, 로마 제국에 대한 반역죄로 억울하게 십자가 처형을 당한 분이라고 생각하는 사람들도 있습니다. 또 기독교의 창시자로 이해하는 사람들도 있고, 죄인들을 구원하기 위해 십자가에서 죽으신 분으로만 알고 있는 사람들도 있습니다. 이는 모두 예수님에 대해 부분적으로 이해하고 있거나, 잘못 알고 있는 것입니다.

예수님의 제자인 요한은 "태초에 말씀이 하나님과 함께 계셨다"(요 1:1)라고 했습니다. 여기서 말씀은 예수님을 가리킵니다. 한번은 예수님이 보리떡 다섯 개와 물고기 두 마리로 5천 명을 배불리 먹이는 기적을 행하셨습니다(요 6:9-13). 다음 날 많은 사람이 먹을 것을 얻기 위해 예수님을 또 찾아왔습니다. 그러자 예수님이 말씀하셨습니다.

> "내 살은 참된 양식이요…이것은 하늘에서 내려온 떡이니 조상들이 먹고도 죽은 그것과 같지 아니하여 이 떡을 먹는 자는 영원히 살리라"(요 6:55-58).

우리는 영의 양식인 말씀을 받아먹어야 영원히 살 수 있습니다.

예수님이 썩을 양식을 위해 찾아온 사람들을 향해 이렇게 말씀하신 것은 자신이 바로 영의 양식인 말씀이라는 뜻입니다.

요한은 말씀이 하나님과 함께 계셨다고 하면서 또 "말씀이 육신이 되어 우리 가운데 거하셨다"(요 1:14)라고 했습니다. 요한은 여기서 '육체'(body)가 아니라 '육신'(flesh)이라는 단어를 사용하고 있습니다. 육신은 연약하고 상처받기 쉬운 인간의 실존을 의미합니다. 요한은 하나님의 아들인 예수님이 피조물인 인간의 연약함을 입으셨음을 강조하고 있습니다.

말씀, 곧 하나님의 아들인 예수 그리스도께서 2,000여 년 전 육신을 입고 세상에 오셨습니다. 이 사건을 가리켜 '성육신'(incarnation)이라 부릅니다. 신학자 루이스는 이 사건을 "웅대한 기적"이라고 표현하였습니다. 에이어즈는 예수님의 오심에 대해 이렇게 말하고 있습니다.

> "태초부터 지금까지 일어난 일들 중에서 예수님이 이 땅에 오신 것이야말로 유일하게, 진정으로 일어났던 일이다."

예수님의 탄생은 웅대한 기적이요 유일한 사건이기에, 인류의 역사를 예수님의 탄생 이전(Before Christ, BC)와 이후(Anno Domini, AD)로 구분하고 있는 것이 아닌가 생각합니다.

예수님의 탄생

이사야 선지자

예수님이 유다 지파에서 나실 것을 예언하다

이사야 선지자는 "이새의 줄기에서 한 싹이 나며 그 뿌리에서 한 가지가 나서 결실할 것이요"(사 11:1)라고 말합니다. 이새는 다윗의 아버지로서 유다 지파이며, '한 싹'은 예수 그리스도를 가리킵니다. 오래전 야곱은 임종을 앞두고 다섯째 아들인 유다를 축복했습니다.

"그가 엎드리고 웅크림이 수사자 같고 암사자 같으니 누가 그를 범할 수 있으랴 규가 유다를 떠나지 아니하며 통치자의 지팡이가 그 발 사이에서 떠나지 아니하기를…그에게 모든 백성이 복종하리로다"(창 49:9-10).

만왕의 왕인 예수님이 유다의 후손으로 나실 것임을 암시하고 있습니다. 예수님은 야곱이 암시한 대로, 또 이사야 선지자의 예언대로 유다 지파에서 나셨습니다. 마태복음 1장에 예수님의 족보가 기록되어 있는데, '아브라함이 이삭을 낳고'를 시작으로 '마리아에게서 그리스도라 칭하는 예수가 나셨다'는 사실로 끝을 맺고 있습니다.

예수님의 족보에서 우리가 주목할 것은, 예수님의 어머니인 마리아 외에 네 명의 여인이 등재되어 있다는 것입니다. 바로 다말, 라합, 룻, 그리고 우리아의 아내(밧세바)입니다. 이 여인들에게는 간음을 저질렀거나 이방 여인이었다는 공통점이 있습니다. 용서받을 수 없는 죄를 지은 여인과 이방 여인이 예수님의 족보에 등재되었다는 것은 참으로 놀라운 일입니다. 이는 구원의 보편성을 잘 말해 줍니다. 아무리 큰 죄를 지었어도, 유대인이든 이방인이든 예수님을 구주로 믿고 영접하면 누구나 구원받고 하나님의 자녀가 될 수 있습니다. 구원에는 인종이나 신분이나 성별에 별이 없다는 의미입니다(갈 3:28-29).

예수님이 동정녀에게서 나실 것을 예언하다

이사야 선지자는 예수님의 동정녀 탄생을 이렇게 예언했습니다.

"보라 처녀가 잉태하여 아들을 낳을 것이요 그의 이름을 임마누엘이라 하리라"(사 7:14).

예수님은 이사야의 예언대로 동정녀인 마리아에게서 나셨습니다. 마리아는 요셉과 정혼했습니다. 그런데 요셉은 결혼을 하기 전에 마리아가 임신한 것을 알게 되었습니다. 그가 이 사실을 세상에 알리면 마리아는 간음죄로 돌에 맞아 죽을 수밖에 없는 상황이었습니다. 요셉은 이 사실을 드러내지 않고 조용히 파혼하고자 했습니다. 이때 천사가 그에게 나타나 말하기를 "다윗의 자손 요셉아 네 아내 마리아 데려오기를 무서워하지 말라 그에게 잉태된 자는 성령으로 된 것이라"(마 1:20)라고 했습니다. 요셉은 천사의 말에 순종해 마리아를 아내로 맞이했습니다.

사람들은 예수님의 동정녀 탄생을 믿으려 하지 않습니다. 기독교인 중에도 이를 의심하는 사람들이 있습니다. 하나님의 천지창조는 믿을지언정 예수님의 동정녀 탄생은 믿을 수 없다고 말하는 사람들도 있습니다. 인간의 지식으로는 받아들일 수 없기 때문입니다.

그러나 하나님이 아담을 흙으로 지으시고 아담의 갈비뼈로 하와를 지으셨다는 사실을 믿는다면 예수님의 동정녀 탄생을 부인할 이유는 없다고 봅니다. 우주 만물을 창조하신 하나님이 어찌 처녀를 통해 아이를 잉태케 할 능력이 없겠습니까?

예수님은 반드시 동정녀에게서 나셔야 했습니다. 예수님이 우리처럼 남녀의 관계에서 나셨다면 죄성을 갖고 태어나셨을 것이고, 그러면 죄인들을 구원할 수 없었을 것입니다. 왜냐하면 죄인의 피가 우리의 더러운 죄를 깨끗하게 할 수는 없기 때문입니다. 베드로는 '너희가 대속함을 받은 것은 오직 흠 없고 점 없는 어린양 같은 그리스도의 보배로운 피로 된 것'(벧전 1:18-19)이라고 했습니다. 하나님께서 죄인들을 구원하기 위해 예수님을 동정녀의 몸을 통해 세상에 보내셨음을 알 수 있습니다.

미가 선지자

미가는 예수님이 베들레헴에서 나실 것을 예언했습니다.

> "베들레헴 에브라다야 너는 유다 족속 중에 작을지라도 이스라엘을 다스릴 자가 네게서 내게로 나올 것이라"(미 5:2).

예수님은 미가의 예언대로 베들레헴에서 나셨습니다. 예수님이 탄생하던 때에 로마 황제가 본국뿐 아니라 식민지 지역까지 칙령을 반포했습니다. 본 고장으로 가서 호적을 하라는 것이었습니다. 요셉과 마리아는 이 칙령에 따라 갈릴리 나사렛에서 베들레헴으로 이동했습니다.

만삭의 마리아와 요셉이 베들레헴에 도착했습니다. 마리아의 몸 상태가 심상치 않아 방을 구하러 다녔습니다. 요셉이 여관 문들을 두드렸지만 모두 거절당했습니다. 방이 없다는 것이었습니다. 결국 방을 구하지 못해 마리아는 말구유에서 아이를 낳았습니다.

하나님의 아들인 예수님이 작은 도시인 베들레헴의 한 마구간에서 나셨다는 것은 그분이 이 땅의 낮고 낮은 곳으로 임하셨다는 것을 말해 줍니다. 예수님은 모든 사람 위에 군림하기 위해서가 아니라 그들을 섬기기 위해 세상에 오신 것입니다.

예수님의 말구유 탄생은 예수님이 사람들을 섬기는 종으로 오셨음을 잘 보여 줍니다.

탄생 시기

로마의 황제 아우구스투스가 로마 본토 및 식민지의 모든 백성에게 호적을 하라는 칙령을 내렸습니다. 이에 요셉과 아이를 잉태한 마리아도 갈릴리 나사렛을 떠나 고향인 베들레헴으로 갔고, 거기서 아기 예수를 낳았습니다(눅 2:1-7). 아우구스투스 황제가 인구 조사를 위한 칙령을 반포한 때는 AD 6년으로 추정되고 있습니다. 그리고 예수님의 탄생 월일은 정확히 알려져 있지 않습니다. 즉, 예수님은 AD 1년이 아니라 6년에 출생하셨고, 12월 25일은 신앙적 의미에서의 예수님의 탄생일로 보아야 합니다.

예수님의 가족

예수님의 육신적인 가족은 아버지 요셉과 어머니 마리아, 그리고 네 명의 동생인 야고보와 요셉과 시몬과 유다가 있었습니다. 성경에는 기록되어 있지 않지만 여러 명의 누이도 있었던 것 같습니다. 야고보는 초대 교회인 예루살렘교회의 지도자로 활동했고 신약성경의 야고보서를 기록했습니다. 유다도 유다서를 기록했습니다.

야고보와 유다는 다른 형제들과 마찬가지로 예수님 생전에는 예수님을 믿지 않았습니다(요 7:5). 하지만 예수님이 십자가에서 죽으시고 사흘 만에 다시 살아나시자 결국 예수님을 구주로 영접했습니다.

유다는 자기 형인 예수님이 미쳤다고 할 정도로 그의 활동에 매우 비판적이었습니다(막 3:21). 하지만 예수님의 부활 후 예수님을 믿고 마가의 다락방 모임에도 참석했습니다(행 1:14). 그리고 이후 아내와 함께 복음을 전한 것으로 알려져 있습니다.

예수님의 이름

우리는 예수님을 '예수 그리스도'라고 부릅니다. '예수'는 인명(人名)으로 '하나님은 구원이시다'라는 뜻을 갖고 있습니다. '그리스도'는 직명(職名)으로 '기름 부음을 받은 자'라는 뜻입니다. 원래는 왕, 선지자, 대제사장과 같은 기름 부음을 받은 자를 가리켰으나, 후에는 구원자를 뜻하는 용어가 되었습니다.

유월절 어린양

성경을 보면 예수님을 가리키거나 상징하는 단어가 많이 있습니다. 유월절 어린양, 장대에 달린 놋뱀, 여호와의 종, 방주의 문, 신랑, 다윗의 자손, 유대인의 왕, 대제사장, 메시아, 보혜사, 말씀, 목자, 머릿돌, 교회의 머리, 랍비 등입니다. 이런 단어들이 왜 예수님을 가리키거나 상징하고 있는지 살펴보도록 하겠습니다.

먼저 '유월절 어린양'에 관해 알아보겠습니다.

이스라엘 백성들은 약 3,500년 전 모세의 지도 아래 자기들을 억압하고 학대하던 애굽에서 탈출했습니다. 그들의 출애굽은 역사에 기록될 만한 장엄한 대장정이었습니다. 우리는 먼저 가나안에 살고 있던 아브라함의 후손들이 어떻게 애굽으로 이주했고, 또 왜 그들이 애굽에서 억압을 받았는지 그 배경을 살펴볼 필요가 있습니다.

야곱은 네 명의 아내에게서 열두 아들과 딸 하나를 얻었습니다. 그런데 야곱은 그 여러 자녀 중에서 라헬이 낳은 요셉과 베냐민을 편애했습니다. 요셉에게는 특별히 채색옷을 입혔습니다. 채색옷은 당시 왕족이나 귀족들이 입었던 옷으로, 야곱이 요셉에게 이 옷을 입혔다는 것은 그를 자기의 후계자로 생각하고 있음을 암시하는 것이었습니다. 이로 인해 이복 형들이 요셉을 시기하게 되었습니다. 게다가 요셉이 자기가 꾼 꿈을 자랑스럽게 이야기하자, 형들이 그를 더욱 미워하고 시기했습니다. 요셉의 꿈은 이러했습니다.

"우리가 밭에서 곡식 단을 묶더니 내 단은 일어서고 당신들의 단은 내 단을 둘러서서 절하더이다"(창 37:7).

"해와 달과 열한 별이 내게 절하더이다 하니라"(창 37:9).

아버지와 어머니와 형제들이 요셉에게 절을 한다는, 즉 요셉 자신이 통치자가 된다는 꿈이었습니다. 요셉의 꿈이 형들에게는 자존심이 상하고 화가 나는 꿈이었습니다. 이런 꿈을 자랑스럽게 이야기하자 형들은 요셉이 죽이고 싶도록 미웠습니다.

그런데 형들에게 요셉을 제거할 절호의 기회가 찾아왔습니다. 야곱이 요셉에게 그의 형들이 양 떼를 잘 돌보고 있는지 세겜에 다녀오라고 했습니다. 형들은 요셉이 자기들에게 가까이 오는 것을 보고, 요셉을 구덩이에 넣어 죽게 하고 아버지에게는 짐승에게 잡아먹혔다고 거짓으로 고하기로 결의했습니다. 그리고 요셉이 다가오자 채색옷을 벗긴 다음 깊은 구덩이 속으로 밀어 넣었습니다.

이때 상인 일행이 다가왔습니다. 이들은 여러 마리의 낙타에 향품과 유향과 몰약을 싣고 애굽으로 향하고 있었습니다. 이 상인들을 보고 유다가 형제들에게 제안했습니다.

"자 그를 이스마엘 사람들에게 팔고 그에게 우리 손을 대지 말자"(창 37:27).

형제들은 유다의 제안에 찬성했습니다. 요셉은 죽음에서 살아나 상인들에게 팔려 애굽 왕 바로의 친위대장(지금으로 하면 대통령 경호실장) 보디발의 집사가 되었습니다. 하지만 보디발의 아내의 무고로 억울한 옥살이를 하게 되었습니다. 요셉은 감옥에서 그곳으로 들어온 두 관원의 꿈을 해석해 주었는데, 그 해석대로 한 관원은 처형되고, 다른 한 관원은 복직되었습니다.

어느 날 바로가 이상한 꿈을 꾸었습니다. 흉하고 파리한 일곱 암소가 아름답고 살진 일곱 암소를 잡아먹는 꿈이었습니다(창 41:2-4). 그리고 가늘고 마른 일곱 이삭이 무성하고 충실한 일곱 이삭을 삼키는 꿈도 꾸었습니다(창 41:5-7). 바로는 애굽의 모든 점술가와 현인들을 왕궁으로 불러 자기의 꿈을 해석하라고 했습니다. 그러나 아무도 해석하지 못했습니다. 그때 감옥에 갇혔다가 복직된 관원이 요셉이 생각나서 요셉을 추천했습니다.

바로에게 불려 간 요셉이 꿈을 명료하게 해석했습니다. 애굽 땅에 일곱 해 큰 풍년이 있겠고, 그 후 일곱 해 흉년이 있을 것이라고 했습니다. 그러면서 풍년의 때에 흥청망청하지 말고 다가올 흉년에 잘 준비하라고 했습니다.

바로는 요셉의 비상함을 알고 그를 애굽의 총리대신으로 임명했습니다. 또한 요셉에게 너무 고마워 가나안에 살고 있던 그의 가족을 애굽으로 이주시켜 비옥한 땅에서 살도록 했습니다. 이때 애굽으로 이주한 야곱의 가족은 모두 70명이었습니다.

애굽으로 이주한 야곱의 후손들은 애굽의 제12왕조와 우호적인 관계 속에서 풍요를 누리며 살았습니다. 그런데 아시아계인 힉소스족이 주전 18세기 말 애굽을 침공해 왕족들을 몰아내고 새 왕조를 세웠습니다. 힉소스 왕조는 이스라엘 백성들을 탄압하고 도로와 항만 건설, 치수 사업 등 각종 국가 사업에 동원해 노예처럼 부려 먹었습니다. 이스라엘 백성들이 추방된 이전 왕족들과 결탁해 반란을 일으킬지도 모른다고 생각했기 때문입니다.

이스라엘 백성들은 바로의 혹독한 탄압 가운데서도 인구가 폭발적으로 증가했습니다. 이에 두려움을 느낀 바로는 산파들로 하여금 히브리 여인이 사내아이를 낳으면 죽이라고 했습니다. 하지만 산파들은 이 명령을 따르지 않았습니다. 바로가 산파들을 불러 추궁하자 이렇게 대답했습니다.

"히브리 여인은 애굽 여인과 같지 아니하고 건장하여 산파가 그들에게 이르기 전에 해산하였더이다"(출 1:19).

바로는 산파를 통한 이스라엘 사내아이들의 제거에 실패하자 이스라엘 백성들에게 이렇게 명령했습니다.

"아들이 태어나거든 너희는 그를 나일강에 던지고 딸이거든 살려 두라"(출 1:22).

이스라엘 백성들은 하나님이 아브라함에게 하셨던 말씀, 곧 "네 자손이 이방에서 객이 되어 그들을 섬기겠고 그들은 사백 년 동안 네 자손을 괴롭히리니"(창 15:13)라는 말씀대로 430년 동안 고난을 겪었습니다. 이스라엘 백성들이 고통으로 부르짖자 여호와 하나님께서 이를 들으시고, 미디안에서 목동 생활을 하고 있던 모세를 불러 그들을 애굽에서 이끌어 내라고 하셨습니다. 이에 모세가 바로에게 찾아가 여호와 하나님의 말씀을 전했습니다.

"내 백성을 보내라 그러면 그들이 광야에서 내 앞에 절기를 지킬 것이니라"(출 5:1).

모세가 만난 바로는 제18왕조의 아멘호텝 2세로서, 그의 아버지 투트모세 3세로부터 잘 훈련 받은 용감하고 강력한 통치자였습니다. 그리고 그는 세계에서 가장 강력한 군대를 갖고 있었습니다. 이런 바로가 모세의 말 한마디에 이스라엘 백성들을 순순히 내놓을 리가 없었습니다. 그러자 하나님은 나일강의 물이 피로 변하는 재앙, 개구리 재앙, 우박 재앙, 메뚜기 재앙, 흑암 재앙 등 아홉 가지 재앙을 차례로 내리셨습니다.

그럼에도 바로는 꿈쩍하지 않았습니다. 이에 하나님은 열 번째 재앙으로 장자의 재앙을 내리셨습니다. 이는 애굽 땅에 있는 모든 처음 난 것은 바로의 장자로부터 가축의 첫 새끼까지 모두 죽는 재앙이었습니다.

하지만 이스라엘에게는 이 장자의 재앙을 피할 수 있는 길을 열어 주셨습니다. 하나님이 그들에게 이르시기를, 집집마다 흠 없는 어린양을 잡아 그 피를 집의 문설주와 인방에 바르라고 하셨습니다. 그러면서 "내가 피를 볼 때에 너희를 넘어가리니 재앙이 너희에게 내려 멸하지 아니하리라"(출 12:13)라고 말씀하셨습니다. 이스라엘 백성들은 모두 이 명령대로 했습니다. 이날 밤 애굽의 장자들은 모두 죽임을 당했으나, 이스라엘의 장자들은 살아남았습니다. 흠 없는 어린양이 흘린 피가 죽을 수밖에 없었던 이스라엘의 장자들을 살린 것입니다.

아무 죄도 없으신 예수님이 왜 십자가에서 피를 흘리셨습니까? 죄로 죽을 수밖에 없는 우리를 살리기 위해서였습니다. 베드로는 우리가 구원받은 것은 오직 예수 그리스도의 피로 된 것임을 분명히 말하고 있습니다.

"너희가 알거니와 너희 조상이 물려 준 헛된 행실에서 대속함을 받은 것은…오직 흠 없고 점 없는 어린양 같은 그리스도의 보배로운 피로 된 것이니라"(벧전 1:18-19).

이스라엘 백성들은 이날을 기념하여 유월절로 지키고 있습니다. 그리고 이때 희생된 어린양을 가리켜 유월절 어린양이라고 부릅니다. 그러므로 유월절 어린양은 우리를 살리기 위해 죽으신 예수 그리스도를 상징하고 있습니다. 바울은 이 점을 분명히 증언합니다.

"우리의 유월절 양 곧 그리스도께서 희생되셨느니라"(고전 5:7).

유월절 어린양과 예수 그리스도를 동일시하고 있습니다. 세례 요한도 예수님을 가리켜 이렇게 말했습니다.

"보라 세상 죄를 지고 가는 하나님의 어린양이로다"(요 1:29).

방주의 문

　사람이 땅 위에 번성하기 시작할 때, 하나님은 사람의 죄악이 세상에 가득함과 그 마음의 모든 계획이 항상 악할 뿐임을 보시고 세상을 물로 심판하기로 작정하셨습니다. 그러면서 노아에게는 방주를 지으라고 하셨습니다. 그 방주는 나룻배가 아니라 당시로서는 엄청난 규모의 배였습니다. 길이가 135미터, 너비가 22.5미터, 높이가 13미터에 달하는 배였습니다. 하나님이 왜 이렇게 큰 배를 지으라고 하셨을까요? 많은 사람이 그 배에 들어가 구원받기를 원하셨기 때문입니다. 노아가 이 배를 건조하는 데 무려 120년이 걸렸습니다. 이 120년은 죄인들에게 주어진 회개할 기회였습니다.

　방주가 완성되자 하나님은 노아에게 방주에게 들어가라고 하셨습니다. 방주는 당시의 사람들 모두를 수용하기에 부족함이 없었습니다. 노아도 사람들에게 방주의 문으로 들어오도록 권면했을 것입니다. 하지만 노아와 그의 가족 8명 외에는 아무도 들어오지 않았습니다. 노아의 가족이 방주의 문으로 들어가자 40일 동안 주야로 폭우가 쏟아졌습니다. 순식간에 집들과 높은 산마저 물에 잠겼습니다. 사람들은 모두 수장되고 말았습니다. 방주의 문으로 들어간 노아와 그의 가족만 구원을 받았습니다.

여기서 방주의 문은 예수 그리스도를 상징합니다. 방주의 문으로 들어간 사람만 홍수 심판에서 살아남았듯이, 예수님을 구주로 영접하는 사람만 구원을 받아 영원히 살 수 있기 때문입니다. 예수님은 자신이 구원의 문임을 분명히 말씀하셨습니다.

"내가 문이니 누구든지 나로 말미암아 들어가면 구원을 받고 또는 들어가며 나오며 꼴을 얻으리라"(요 10:9).

장대에 달린 놋뱀

　하나님은 이스라엘 백성들을 애굽의 노예 생활에서 해방시키시고, 애굽의 군대가 그들을 추격해 오자 홍해를 갈라 길을 내서 그들이 안전하게 건너갈 수 있게 하셨습니다. 광야에서 먹을 것이 없자 매일 아침마다 하늘에서 만나를 내려 주셨고, 또 그들이 고기가 먹고 싶다고 하자 메추라기를 보내 주셨습니다. 마실 물이 없을 때는 반석에서 물을 내서 마시도록 하셨습니다.

　그럼에도 이스라엘 백성들은 어려움이 있을 때마다 자기들을 애굽에서 이끌어 내신 하나님과 모세에게 불평을 늘어놓고 원망했습니다. 결국 하나님은 불뱀을 보내 배은망덕한 그들을 징계하셨습니다. 많은 사람이 불뱀에 물려 죽어 가자 모세가 하나님께 간절히 기도하면서 자비를 구했습니다. 하나님은 모세의 기도에 이렇게 응답하셨습니다.

"불뱀을 만들어 장대 위에 매달아라 물린 자마다 그것을 보면 살리라"(민 21:8).

모세는 하나님이 지시하신 대로 놋뱀을 만들어 장대에 달았습니다. 그리고 불뱀에 물린 자들에게 장대에 달린 놋뱀을 바라보면 살 것이라고 말했습니다. 모세의 말을 믿고 바라본 사람은 살았고, 믿지 못해 바라보지 않은 사람은 죽었습니다. 장대에 달린 놋뱀이 무슨 모양입니까? 십자가 모양입니다. 그러므로 장대에 달린 놋뱀은 십자가에 달리신 예수 그리스도를 상징합니다. 예수님은 말씀하십니다.

"모세가 광야에서 뱀을 든 것같이 인자도 들려야 하리니 이는 그를 믿는 자마다 영생을 얻게 하려 하심이니라"(요 3:14-15).

불뱀에 물려 죽게 된 사람이 장대에 달린 놋뱀을 바라본즉 살았듯이, 십자가에 달리신 예수 그리스도를 믿고 바라보는 사람은 영원히 살 수 있다는 말씀입니다.

여호와의 종

이사야 선지자는 세상에 오실 예수 그리스도를 여호와의 종으로 정의하면서, 네 개의 노래를 통해 예수님의 성품과 그분께서 하실 일, 그리고 그분께서 당하신 십자가 고난에 대해 소름이 끼칠 정도로 생생하게 예언하고 있습니다.

종의 노래 1(사 42:1-9)

이사야 선지자는 이 노래에서 여호와의 종의 인품 내지는 성품에 대해 말하고 있습니다. 먼저 여호와의 종은 '외치지 아니하며 목소리를 높이지 아니하며 그 소리를 거리에 들리게 하지 아니할 것'이라고 했습니다(사 42:2). 한마디로 그분의 겸손함을 말하고 있습니다.

여호와의 종은 하나님으로부터 막중한 사명을 받았습니다. 그러므로 사람들에게 자랑할 수 있습니다. 또 사명을 감당하면서 이를 자랑할 수도 있습니다. 그러나 여호와의 종은 소리 없이 자기에게 주어진 일들을 감당할 것임을 말해 주고 있습니다. 실제로 예수님은 맹인의 눈을 뜨게 한 후 이 사실을 아무에게도 알리지 말라고 하셨습니다. 이 밖에도 많은 기적을 행하셨지만, 사람들에게 이를 자랑한 적이 한 번도 없었습니다.

그리고 여호와의 종은 '상한 갈대를 꺾지 아니하며 꺼져 가는 등불을 끄지 아니할 것'이라고 했습니다(사 42:3). 사람들은 실패한 사람, 가망이 없다고 생각하는 사람, 쓸모없다고 판단되는 사람은 가차 없이 버립니다. 그러나 여호와의 종은 이런 사람들도 어떻게든 일으켜 세워 쓰실 것이라는 말입니다.

예수님은 음행 중에 잡혀 온 여인을 정죄하지 않고 군중을 향해 "죄 없는 자가 먼저 돌로 치라"(요 8:7)라고 말씀하셨습니다. 부활하신 예수님은, 예수님의 죽음으로 실의에 빠져 갈릴리로 다시 돌아가 고기를 잡고 있던 제자들을 찾아가 미리 준비한 떡과 제자들이 잡아 온 물고기를 구워 그들과 함께 조반을 드셨습니다. 그리고 베드로에게 "네가 나를 사랑하느냐"라고 세 번이나 물으신 후 "내 양을 치라"라고 당부하셨습니다. 예수님은 꺼져 가는 등불과 같은 베드로를 포기하지 않으시고 그에게 위대한 사도의 길을 가도록 하셨습니다.

또 여호와의 종은 '쇠하지 아니하며 낙담하지 아니한다'고 했습니다(사 42:4). 어떤 어려움이나 난관이 있어도 실망하거나 좌절하지 않고 불굴의 의지로 하나님이 맡겨 주신 사명을 감당해 나갈 것이라는 말입니다. 예수님은 사실 공생애를 시작할 때부터 많은 어려움과 난관에 봉착했습니다. 공생애에 앞서 사탄으로부터 시험을 받으셨습니다. 바리새인들은 호시탐탐 예수님을 죽이려고 했습니다. 제자인 가룟 유다의 배신도 있었습니다. 그럼에도 예수님은 실망하거나 좌절하지 않으셨습니다. 십자가에 달리심으로 자기에게 맡겨진 사명을 잘 감당하셨습니다.

이사야 선지자는 또 여호와의 종이 맹인의 눈을 뜨게 할 것이라고 했습니다(사 42:7). 예수님은 실제로 맹인의 눈을 뜨게 하는 기적을 행하셨습니다. 그러나 우리는 이사야의 이 예언을 영적 의미로 이해해야 합니다. 이 말씀은 예수님이 사람들로 하여금 하나님의 복음을 깨닫도록 하실 것이라는 뜻입니다.

그리고 이사야 선지자는 여호와의 종이 갇힌 자를 감옥에서 이끌어 낼 것이라고 했습니다(사 42:7). 이는 사탄에 얽매여 있는 사람들을 해방시킬 것이라는 말입니다.

종의 노래 2(사 49:1-7)

이사야 선지자는 두 번째 종의 노래에서 "섬들아 내게 들으라"라는 말로 시작하고 있습니다. 여기서 '섬들'은 이방인들이 사는 곳을 말합니다. 여호와의 종의 사명은 이스라엘 백성들뿐 아니라 이방인에게도 복음을 전하는 데 있습니다. 하지만 그 성과는 당장 나타나지 않을 것이라고 했습니다.

예수님은 공생애 3년 동안 수고를 많이 하셨습니다. 갈릴리 지역과 이방 지역을 다니시며 진리의 말씀을 전했습니다. 병든 자들을 치유하고 귀신을 쫓아 주셨습니다. 하지만 이스라엘 백성들이 바리새인들의 선동에 넘어가서 예수님을 십자가에 못 박게 했습니다. 예수님의 수고가 허사가 되는 것처럼 보였습니다. 그러나 하나님은 말씀하셨습니다.

"내가 또 너를 이방의 빛으로 삼아 나의 구원을 베풀어서 땅끝까지 이르게 하리라"(사 49:6).

예수님의 수고는 이 말씀대로 많은 결실을 맺었습니다. 그리스도의 복음은 로마 제국의 탄압 가운데서도 헬라 지역과 로마에 이르기까지 널리 전파되었습니다. 이후 복음은 아메리카, 아프리카, 아시아에도 전파되었습니다. 이렇게 해서 "나의 구원을 베풀어서 땅끝까지 이르게 하리라"(사 49:6)라는 이사야 선지자의 예언이 성취되었습니다.

또 여호와의 종은 사람들에게 멸시를 당하고 미움을 받으나 종국에는 왕들이 그를 보고 일어나며 고관들이 경배할 것이라고 했습니다(사 49:7). 예수님은 이사야의 예언대로 사람들로부터 멸시를 당하고 미움과 시기를 받았습니다. 하지만 하나님이 그를 지극히 높이셨습니다. 하늘에 있는 자들과 땅에 있는 자들과 땅 아래 있는 자들로 모든 무릎을 예수의 이름에 꿇게 하셨습니다(빌 2:9-11).

종의 노래 3(사 50:4-11)

이사야 선지자는 세 번째 종의 노래에서 여호와의 종이 받게 될 고난을 예언하고 있습니다.

> "나를 때리는 자들에게 내 등을 맡기며 나의 수염을 뽑는 자들에게 나의 뺨을 맡기며 모욕과 침 뱉음을 당하여도 내 얼굴을 가리지 아니하였느니라"(사 50:6).

예수님은 이사야 선지자의 예언대로 십자가를 지는 과정에서 온갖 수모를 당하셨습니다. 군병들에게 잡혀 온 예수님에게 대제사장이 "네가 하나님의 아들이냐"라고 물었습니다. 이에 예수님이 이렇게 대답하셨습니다.

> "네가 말하였느니라 그러나 내가 너희에게 이르노니 이후에 인자가 권능의 우편에 앉아 있는 것과 하늘 구름을 타고 오는 것을 너희가 보리라"(마 26:64).

그러자 대제사장이 자기 옷을 찢으며 백성들에게 "너희 생각은 어떠하냐"라고 물었습니다. 백성들이 대답하기를 "그는 사형에 해당한다" 하면서 어떤 사람은 예수님의 얼굴에 침을 뱉고, 또 어떤 사람은 주먹으로 치거나 손바닥으로 때리기도 했습니다. 로마 군병들은 온갖 방법으로 예수님을 모욕했습니다. 예수님의 옷을 벗기고는 임금이 입는 홍포를 입히고 머리에는 가시면류관을 씌웠습니다. 또 예수님의 얼굴에 침을 뱉고 갈대로 예수님의 머리를 쳤습니다. 빌라도 총독은 살점이 떨어져 나갈 정도로 예수님을 채찍질하라고 명령했습니다. 예수님은 사람들의 이런 모욕과 고통을 참고 견디셨습니다. 여호와의 종으로서의 사명을 감당하기 위해서였습니다.

이사야 선지자는 여호와의 종의 무죄함을 강조하고 있습니다.

"나를 의롭다 하시는 이가 가까이 계시니 나와 다툴 자가 누구냐"(사 50:8).

이사야 선지자의 예언대로 예수님은 전혀 죄가 없는 분입니다. 무죄한 분이기에 죄인들을 구원할 수 있고, 깨끗한 피이기에 더러운 인간들의 죄를 깨끗하게 할 수 있습니다. 예수님도 자신의 무죄함을 말씀합니다.

"너희 중에 누가 나를 죄로 책잡겠느냐"(요 8:46).

자신에게는 죄가 전혀 없다는 말입니다.

종의 노래 4(사 52:13-53:12)

이사야 선지자는 "우리가 전한 것을 누가 믿었느냐"(사 53:1)라고 묻고 있습니다. 아무도 여호와의 종이 전하는 말을 믿지 않을 것이라는 말입니다. 사도 요한은 "자기 땅에 오매 자기 백성이 영접하지 아니하였으나"(요 1:11)라고 했습니다. 그들이 왜 영접하지 않았습니까? 예수님이 천한 몸으로 오셨기에 그가 오매불망 기다리던 영광의 메시아임을 알아보지 못했기 때문입니다.

이사야 선지자는 여호와의 종이 메마른 땅에서 자라날 것이라고 했습니다. 이는 궁핍한 성장 과정을 말합니다. 예수님은 이 말씀대로 말구유에서 나셨고, 가난한 목수의 아들로 어렵게 성장했습니다.

또 여호와의 종은 좋은 풍채도, 흠모할 만한 아름다운 것도 없을 것이라고 했습니다(사 53:2). 이는 예수님의 외모를 말하는 것이 아닙니다. 요셉과 다윗은 그 용모가 준수했다고 했습니다. 구약성경에서 아름다운 신체는 하나님의 복 가운데 하나였습니다. 그러므로 요셉과 다윗이 아름다웠다는 것은 그들이 하나님의 복을 받은 자들이었음을 시사하고 있습니다. 따라서 이 말은 여호와의 종은 하나님의 복을 받지 못했다는 의미로 보아야 합니다. "나무에 달린 자는 하나님께 저주를 받았음이니라"(신 21:23)라고 했습니다. 예수님은 십자가에 달리심으로 하나님의 저주를 받았습니다. 물론 우리가 받아야 할 저주를 대신 받으신 것이지만 말입니다.

이사야 선지자는 여호와의 종이 받게 될 고난과 그 이유에 대해 잘 예언하고 있습니다.

> "그는 실로 우리의 질고를 지고 우리의 슬픔을 당하였거늘 우리는 생각하기를 그는 징벌을 받아 하나님께 맞으며 고난을 당한다 하였노라 그가 찔림은 우리의 허물 때문이요 그가 상함은 우리의 죄악 때문이라 그가 징계를 받으므로 우리는 평화를 누리고 그가 채찍에 맞으므로 우리는 나음을 받았도다 우리는 다 양 같아서 그릇 행하여 각기 제 길로 갔거늘 여호와께서는 우리 모두의 죄악을 그에게 담당시키셨도다"(사 53:4-6).

사람들은 여호와의 종이 고난받는 것을 하나님의 매를 맞는 것으로 생각했습니다. 욥이 고난을 당하자 그의 친구들 역시 똑같은 생각을 했습니다. 고대 세계에서 고난 자체가 신의 징벌 내지는 진노를 가리키는 것으로 생각했기 때문입니다. 하지만 이사야 선지자는 우리가 받아야 할 고난을 여호와의 종이 대신 받을 것임을 말하고 있습니다. 이사야 선지자의 예언대로 예수님은 우리의 죄를 대속하기 위해 십자가에서 피를 흘리셨습니다.

하나님은 아브라함과 언약을 맺으실 때 당시 중동 지역의 관습을 따르셨습니다. 당시 중동 사람들은 계약을 체결할 때 짐승을 둘로 쪼개고 계약 당사자들이 그 위를 걸어갔습니다. 계약을 위반한 사람은 이 짐승처럼 쪼개진다는 의미입니다. 그야말로 목숨을 건 계약이었습니다. 그런데 하나님과 아브라함의 언약식에서는 쪼개진 짐승 위를 아브라함은 지나가지 않고 하나님만 지나가셨습니다. 이것이 무엇을 의미합니까? 아브라함이 언약을 지키지 않으면 그에게 책임을 묻지 않고 하나님이 책임져 주시겠다는 뜻입니다. 이 언약처럼 하나님은 사람들의 죄악을 독생자인 예수 그리스도에게 담당시키셨습니다.

이사야 선지자는 또 여호와의 종이 죽은 후에 부자와 함께 있을 것이라고 했습니다(사 53:9). 예수님은 이 예언대로 부자인 아리마대 요셉이 자기를 위해 준비한 장지에 묻혔습니다(요 19:38).

이사야 52장 13절부터 53장 12절 말씀은 종의 노래 중 클라이맥스라 할 수 있습니다. 이사야 선지자는 네 개의 종의 노래에서 예수님의 성품과 그분이 받으실 고난과 죽음에 대해 놀랄 만큼 정확히 예언하고 있습니다. 이 노래에 나타난 내용이 신약성경에 기록된 사실과 일치하는 것을 볼 때, 우리는 이 모든 것이 하나님이 이사야 선지자의 입을 통해 하신 말씀이라고 생각하지 않을 수 없습니다. "모든 성경은 하나님의 감동으로 된 것"(딤후 3:16)이라는 바울의 말이 참 진리임을 다시 한번 깨닫게 됩니다.

신랑

예수님은 종말을 대비해 믿는 자들이 어떤 삶을 살아야 하는가에 대해 세 가지 비유를 통해 가르쳐 주셨습니다. 곧 열 처녀 비유, 달란트 비유, 그리고 양과 염소의 비유입니다.

예수님은 그중 열 처녀 비유 이야기를 다음과 같은 말로 시작하고 있습니다.

> "그때에 천국은 마치 등을 들고 신랑을 맞으러 나간 열 처녀와 같다 하리니"(마 25:1).

여기서 '그때'는 종말의 때를 말하고, '신랑'은 예수 그리스도, '열 처녀'는 신자들을 가리킵니다. 이스라엘의 결혼 풍습을 보면, 정혼 1년 후에 신랑이 신부의 집으로 가서 혼례식을 했습니다. 신부는 언제 올지 모르는 신랑을 맞이하기 위해 등불을 준비해야 했습니다.

예수님의 비유 이야기에서 다섯 처녀는 등과 함께 기름을 충분히 준비하고 신랑을 기다렸으나, 다른 다섯 처녀는 기름을 제대로 준비하지 않았습니다.

한밤중이 되어서야 신랑이 온다는 소리가 들렸습니다. 기름을 충분히 준비한 다섯 처녀는 등불을 밝히고 신랑을 맞이했습니다. 그러나 기름을 제대로 준비하지 못한 다섯 처녀는 기름이 떨어져 갈 수가 없어, 황급히 시장으로 달려가 기름을 구해 등에 채우고 돌아왔습니다. 그런데 그 사이 문이 굳게 닫혀 혼인 잔치에 들어갈 수가 없었습니다.

예수님이 이 이야기를 통해 우리에게 하시고자 하는 말씀은 늘 종말에 대비하라는 것입니다. 종말에는 우주적 종말과 개인적 종말이 있습니다. 예수님의 재림이 우주적 종말이요, 한 사람의 죽음이 개인적 종말입니다. 우주적 종말이든 개인적 종말이든 우리는 그때를 알 수 없습니다. 오직 하나님만 아십니다. 그러므로 우리가 천국에 들어가려면 늘 깨어 있어야 합니다. 예수님이 이 비유를 통해 우리에게 하시고자 하는 말씀이 바로 이것입니다.

메시아

메시아는 '기름 부음을 받은 자'라는 뜻으로 본래 선지자와 제사장, 그리고 왕에게 적용되던 용어였습니다. 그런데 이러한 메시아의 개념은 구약에서 죄와 전쟁을 종식시켜 우주적인 정의를 가져오며 자신의 죽음을 통해 인간을 구원하는 분으로 발전했습니다. 신약에서는 구약에서의 이러한 개념을 더 발전시켜 예수 그리스도를 가리킵니다. 예수님도 자신이 메시아가 되심을 말씀하고 있습니다.

> "주의 성령이 내게 임하셨으니 이는 가난한 자에게 복음을 전하게 하시려고 내게 기름을 부으시고 나를 보내사 포로 된 자에게 자유를, 눈먼 자에게 다시 보게 함을 전파하며 눌린 자를 자유롭게 하고 주의 은혜의 해를 전파하게 하려 하심이라 하였더라"(눅 4:18-19).

사도들도 예수님이 메시아가 되심을 증거하고 있습니다.

"과연 헤롯과 본디오 빌라도는 이방인과 이스라엘 백성과 합세하여 하나님께서 기름 부으신 거룩한 종 예수를 거슬러"(행 4:27).

"하나님이 나사렛 예수에게 성령과 능력을 기름 붓듯 하셨으매 그가 두루 다니시며 선한 일을 행하시고 마귀에게 눌린 모든 사람을 고치셨으니 이는 하나님이 함께하셨음이라"(행 10:38).

도피성

　이스라엘 백성은 40년이라는 긴 세월의 광야 생활을 마치고 드디어 젖과 꿀이 흐르는 약속의 땅인 가나안에 입성했습니다. 그들이 정복한 가나안 땅은 열한 지파에게 분배되었고, 그들은 하나님의 명령에 따라 도피성을 설치했습니다. 하나님이 도피성을 설치하도록 하신 목적은 실수로 사람을 죽게 한 사람의 생명을 보호하기 위해서였습니다. 하나님은 모세를 통해 이스라엘 백성들에게 주신 율법에서 이렇게 말씀하십니다.

　　"그러나 다른 해가 있으면 갚되 생명은 생명으로, 눈은 눈으로, 이는 이로, 손은 손으로, 발은 발로, 덴 것은 덴 것으로, 상하게 한 것은 상함으로, 때린 것은 때림으로 갚을지니라"(출 21:23-25).

　같은 형태의 복수라 해서 이를 '동태복수법'이라 부릅니다. 오늘

날에는 이러한 직접적인 복수 내지는 사적 처벌이 허용되지 않습니다. 오로지 국가만이 범죄자를 처벌할 수 있습니다. 반면 고대 이스라엘에서는 율법에 따라 직접적인 복수가 용인되었습니다.

하지만 우리가 동태복수법에서 주목할 것은, 이것은 반드시 복수하라는 말이 아니라는 사실입니다. 또 복수하더라도 내가 받은 것 이상으로 복수해서는 안 된다는 것입니다. 사람을 죽인 사람은 피해자 가족에 잡히면 죽임을 당할 수 있습니다. 고의로 사람을 죽인 살인범은 보복을 당해도 당연하다고 할 수 있습니다. 문제는 실수로 사람을 죽게 한 경우입니다. 과실범을 고의범과 동일시할 수는 없습니다. 그래서 오늘날에도 과실로 사람을 죽게 한 사람은 비교적 가벼운 처벌을 받습니다.

도피성은 이스라엘에서 과실로 사람을 죽게 한 사람을 보호하는 제도였습니다. 사람을 죽게 한 사람은 일단 피해자의 가족을 피해 도피성으로 들어가 몸을 숨길 수 있었습니다. 죄인이 도피성으로 들어오면 도피성의 장로들이 그의 말을 듣고 그가 고의로 사람을 죽였는지 실수로 죽게 한 것인지를 판단했습니다. 고의로 사람을 죽인 자는 도피성에서 쫓아내서 피해자 가족의 보복을 받게 하였고, 실수로 사람을 죽게 한 사람은 도피성에 남게 해서 피해자 가족의 보복을 막아 주었습니다.

도피성은 누구나 접근하기가 용이했습니다. 전해 오는 이야기에 의하면, 도피성 중에는 산에 위치한 것도 있어 눈에 잘 띄었다고 합니다. 또한 도피성으로 오는 길이 잘 보수되어 있는지 제사장들이 수시로 확인했고, 성으로 오는 사람들을 안내하는 표지판이 교차로마다 세워졌다고 합니다. 성문은 24시간 열려 있고, 절대로 닫히는 경우가 없었다고 합니다. 예수님은 말씀하십니다.

"내게 오는 자는 내가 결코 내쫓지 아니하리라"(요 6:37).

도피성은 바로 예수 그리스도를 상징하고 있음을 알 수 있습니다.

말씀

우주의 기원에 대한 이론으로 창조설과 우연설이 있습니다. 우연설은 작은 입자들이 결합되어 우주 만물을 형성했다는 가설이고, 창조설은 절대적 존재가 우주 만물을 창조했다는 이론입니다. 기독교는 하나님의 창조설을 믿습니다. 성경을 보면 하나님이 말씀으로 우주 만물을 창조했다고 기록하고 있습니다. 하나님이 "빛이 있으라" 하시니 빛이 있었고(창 1:3), 하나님이 "땅은 풀과 씨 맺는 채소와 각기 종류대로 씨 가진 열매 맺는 나무를 내라" 하시니 그대로 되었습니다(창 1:11).

그런데 사도 요한은 "태초에 말씀이 하나님과 함께 계셨다"(요 1:1)라고 했고, 바울은 만물이 그리스도에게서 창조되었다고 증언하고 있습니다.

"만물이 그에게서 창조되되 하늘과 땅에서 보이는 것들과 보이지 않는 것들과 혹은 왕권들이나 주권들이나 통치자들이나 권세들이나 만물이 다 그로 말미암고 그를 위하여 창조되었고 또한 그가 만물보다 먼저 계시고 만물이 그 안에 함께 섰느니라"(골 1:16-17).

여기서 '그'는 예수 그리스도를 가리킵니다. 창세기에 나오는 하나님의 창조에 대한 이야기 그리고 사도 요한과 바울의 말을 종합해 보면 이렇습니다. 성부 하나님은 말씀으로 우주 만물을 창조하셨습니다. 그런데 태초에 말씀이 하나님과 함께 계셨습니다. 그러므로 우주 만물은 성부 하나님과 성자 하나님인 예수 그리스도가 함께 창조하셨습니다. 여기서 우리는 말씀이 곧 예수님이요, 예수님이 곧 말씀임을 알 수 있습니다.

만나

　이스라엘 백성들은 출애굽 이후 홍해를 건너 광야에 이르렀습니다. 광야는 먹을 것이 부족한 척박한 땅이었습니다. 애굽에서 가져온 비상 식량은 바닥이 났습니다. 그러자 백성들이 자기들을 애굽에서 이끌어 낸 모세를 원망했습니다.

> "우리가 애굽 땅에서 고기 가마 곁에 앉아 있던 때와 떡을 배불리 먹던 때에 여호와의 손에 죽었더라면 좋았을 것을 너희가 이 광야로 우리를 인도해 내어 이 온 회중이 주려 죽게 하는도다"(출 16:3).

　이때 하나님이 하늘에서 만나를 내려 주셨습니다. 만나는 '이것이 무엇이냐?'라는 뜻입니다. 이스라엘 백성들이 아침에 일찍 일어나 보니 이슬이 마른 자리에 작고 둥글며 서리 같은 것이 있었습니다. 사람들이 그것을 보고 너무나도 신기해 "이것이 무엇이냐?"라고 수군거렸습니다. 그래서 그 이름이 만나가 된 것입니다. 백성들이 신기하게 여기자 모세가 그들에게 말하기를 "이는 여호와께서 너희에게 주어 먹게 하신 양식이라"(출 16:15)라고 했습니다. 하나님은 매일 아침 만나를 내려 주시면서 먹을 만큼만 거두라고 하셨습니다.

모세가 아침까지 그것을 남겨두지 말라고 했으나, 순종하지 않고 남겨둔 사람들도 있었습니다. 아침까지 보관한 만나는 곧 벌레가 생기고 냄새가 나 먹을 수가 없었습니다. 이는 탐욕을 버리고 하나님이 주신 것에 감사하며 자족하는 삶을 살라는 하나님의 경고였습니다.

만나는 하나님이 우리를 살리기 위해 세상에 보내 주신 예수 그리스도를 상징합니다.

첫째, 만나는 작습니다. 작다는 것은 겸손을 의미합니다. 예수님은 하나님의 아들임에도 말구유에서 나셨습니다. 또 제자들의 더러운 발을 손수 씻어 주셨는데, 이는 원래 하인의 몫이었습니다. 예수님은 스스로 종이 되어 그들의 발을 씻어 주신 것입니다. 바울은 예수님의 겸손을 이렇게 말하고 있습니다.

> "그는 근본 하나님의 본체시나 하나님과 동등 됨을 취할 것으로 여기지 아니하시고 오히려 자기를 비워 종의 형체를 가지사 사람들과 같이 되셨고 사람의 모양으로 나타나사 자기를 낮추시고 죽기까지 복종하셨으니 곧 십자가에 죽으심이라"(빌 2:6-8).

둘째, 만나는 둥근 모양입니다. 이는 영원을 의미합니다. 직선은 시작과 끝이 있지만, 원은 시작과 끝이 없습니다. 예수님은 알파와 오메가요, 처음이자 마지막이 되십니다. 예수님은 창세 전부터 계셨고, 현재도 계시고, 앞으로도 영원히 계십니다. 만나는 예수님의 영원성을 잘 나타내고 있습니다.

셋째, 만나는 흰색입니다. 이는 순전함과 무죄함을 의미합니다. 예수님은 죄가 전혀 없으신 분입니다. 그러기에 우리의 죄를 대신할 수 있는 것입니다.

넷째, 만나는 단맛이 납니다. 이는 예수 그리스도의 성품을 잘 나타내고 있습니다. 말씀이 곧 예수님이요, 예수님이 곧 말씀이라고 했습니다. 하나님은 에스겔을 부르시고 "두루마리를 먹으라"라고 하셨습니다. 에스겔이 그것을 먹고는 "입에서 달기가 꿀 같더라"(겔 3:3)라고 했습니다. 이 두루마리는 하나님의 말씀을 기록한 것이었습니다. 이스라엘 백성들이 약속의 땅인 가나안에 들어갈 때까지 매일 만나를 먹었듯이, 우리는 하나님나라에 들어갈 때까지 매일 말씀을 읽고 묵상해야 합니다. 그래서 예수님은 이렇게 말씀하고 있습니다.

"나는 하늘에서 내려온 살아 있는 떡이니 사람이 이 떡을 먹으면 영생하리라"(요 6:51).

목자

목자는 직업적으로 가축 떼를 푸른 초장으로 인도해 꼴을 먹이고 악한 짐승으로부터 가축 떼를 지키는 사람입니다. 유목 생활을 하던 히브리인들에게 목자라는 직업은 매우 힘든 직업이었다고 할 수 있습니다. 구약에서는 하나님을 목자 혹은 목양자로 묘사하기도 합니다.

"여호와는 나의 목자시니 내게 부족함이 없으리로다"(시 23:1).

신약에서의 목자는 예수 그리스도를 가리킵니다. 에스겔 선지자는 예수님이 이스라엘의 목자로 오실 것을 예언했습니다.

"내가 한 목자를 그들 위에 세워 먹이게 하리니 그는 내 종 다윗이라 그가 그들을 먹이고 그들의 목자가 될지라"(겔 34:23).

여기서 목자는 일차적으로 다윗을 말하지만, 궁극적으로는 예수님을 가리킵니다. 예수님은 다윗의 육신적인 후손이고, 다윗 왕국은 그리스도 왕국의 모형이기 때문입니다. 예수님은 자신이 선한 목자가 되신다고 하면서 이렇게 말씀하셨습니다.

> "나는 선한 목자라 선한 목자는 양들을 위하여 목숨을 버리거니와 삯꾼은 목자가 아니요 양도 제 양이 아니라 이리가 오는 것을 보면 양을 버리고 달아나나니 이리가 양을 물어 가고 또 헤치느니라 달아나는 것은 그가 삯꾼인 까닭에 양을 돌보지 아니함이나 나는 선한 목자라 나는 내 양을 알고 양도 나를 아는 것이 아버지께서 나를 아시고 내가 아버지를 아는 것 같으니 나는 양을 위하여 목숨을 버리노라"(요 10:11-15).

선한 목자가 되시는 예수님은 우리에게 필요한 것들을 부족함이 없도록 채워 주시고, 우리가 위기에 처했을 때 자기의 목숨을 버리는 일이 있더라도 우리를 보호하고 지켜 주신다는 말씀입니다.

베드로는 우리를 향해 양 무리의 본이 되라고 하면서 "그리하면 목자장이 나타나실 때에 시들지 아니하는 영광의 관을 얻으리라"(벧전 5:4)라고 했습니다. 즉, 베드로는 여기서 예수님을 목자장이라고 하면서, 우리가 다른 사람의 본이 되는 삶을 살아가면 예수님이 다시 오실 때 영광의 면류관을 얻을 것이라고 했습니다.

반석

출애굽한 이스라엘 백성들은 여호와의 명령에 따라 신 광야를 떠나 르비딤에 도착해 그곳에 장막을 쳤습니다. 그러나 그곳에는 마실 물이 없었습니다. 백성들이 또다시 모세를 원망했습니다.

"당신이 어찌하여 우리를 애굽에서 인도해 내어서 우리와 우리 자녀와 우리 가축이 목말라 죽게 하느냐"(출 17:3).

모세가 여호와께 "내가 이 백성에게 어떻게 하면 좋겠습니까" 하고 물었습니다. 여호와께서 대답하시기를 "네 지팡이로 호렙산에 있는 반석을 치라"(출 17:6)라고 하셨습니다. 모세가 하나님의 말씀대로 하니 물이 폭포수처럼 흘러나왔습니다. 이 반석은 예수 그리스도를 상징합니다. 바울도 이 사실을 분명히 증거합니다.

"다 같은 신령한 음료를 마셨으니 이는 그들을 따르는 신령한 반석으로부터 마셨으매 그 반석은 곧 그리스도시라"(고전 10:4).

이스라엘 백성들이 반석에서 나온 물을 마시고 육신적인 생명을 유지했듯이, 우리는 예수님이 주시는 생수를 마셔야 영혼이 살아날 수 있습니다. 예수님은 말씀하십니다.

"누구든지 목마르거든 내게로 와서 마시라 나를 믿는 자는 성경에 이름과 같이 그 배에서 생수의 강이 흘러나오리라"(요 7:37-38).

민수기 20장을 보면 모세가 또다시 자기의 지팡이로 반석을 치는 장면이 나옵니다. 이스라엘 백성들이 가데스에 이르렀을 때의 일입니다. 그곳에 마실 물이 없자 백성들이 또다시 모세를 원망했습니다. 그러자 여호와께서 모세에게 이렇게 말씀하십니다.

"지팡이를 가지고 네 형 아론과 함께 회중을 모으고 그들의 목전에서 너희는 반석에게 명령하여 물을 내라 하라 네가 그 반석이 물을 내게 하여 회중과 그들의 짐승에게 마시게 할지니라"(민 20:8).

그런데 모세가 회중을 그 반석 앞에 모으고 이렇게 말합니다.

"반역한 너희여 들으라 우리가 너희를 위하여 이 반석에서 물을 내랴"(민 20:10).

이스라엘 백성들이 르비딤에 이르렀을 때 반석에서 물을 낸 분은 하나님이십니다. 그런데 모세는 마치 자기의 능력으로 반석에서 물을 낸 것처럼 말하고 있습니다. 이는 모세의 오만이요, 하나님의 영광을 자기의 것으로 돌리는 행위였습니다. 모세는 자기 지팡이로 반석을 두 번 쳤습니다. 하나님은 모세에게 반석에게 명령하여 물을 내라고 하셨지, 반석을 치라고 하지 않으셨습니다. 그럼에도 모세는 지팡이로 반석을 쳤습니다. 그것도 한 번이 아니라 두 번이나 그렇게 했습니다. 자기에게 불평하는 백성들에게 짜증이 나고 화도 났기 때문일 것입니다. 그러나 이것은 모세의 중대한 실수였습니다.

지팡이로 반석을 내리쳤다는 것은 예수님의 십자가 죽음을 암시합니다. 히브리서 10장 10절을 보면 "이 뜻을 따라 예수 그리스도의 몸을 단번에 드리심으로 말미암아 우리가 거룩함을 얻었노라"라고 했습니다. 이 말씀대로 예수님은 한 번 십자가에 달리심으로 인류를 구원하기에 충분했습니다. 그래서 하나님이 모세에게 "반석에게 명하여 물을 내라"라고 말씀하신 것입니다. 그럼에도 모세는 하나님의 명령을 어기고 또다시 지팡이로 반석을 쳤습니다. 이는 예수님을 십자가에 두 번 못 박는 것이었습니다. 이 일로 인해 모세는 약속의 땅인 가나안에 들어가는 것이 허락되지 않았습니다. 다만 하나님은 모세의 공로를 참작해 느보산에 올라가 가나안 땅을 바라보도록 하셨습니다.

보혜사

예수님은 제자들과 마지막 만찬을 나누신 후 제자들에게 유언과도 같은 고별 설교를 하셨습니다. 요한복음 14장부터 17장까지가 그 내용입니다. 고별 설교 중에 이런 말씀이 있습니다.

"내가 아버지께 구하겠으니 그가 또 다른 보혜사를 너희에게 주사 영원토록 너희와 함께 있게 하리니 그는 진리의 영이라 세상은 능히 그를 받지 못하나니 이는 그를 보지도 못하고 알지도 못함이라 그러나 너희는 그를 아나니 그는 너희와 함께 거하심이요 또 너희 속에 계시겠음이라"(요 14:16-17).

여기서 '또 다른 보혜사'는 성령을 가리킵니다.

"보혜사 곧 아버지께서 내 이름으로 보내실 성령 그가 너희에게 모든 것을 가르치고 내가 너희에게 말한 모든 것을 생각나게 하리라"(요 14:26).

이 말씀대로 오순절 날, 다시 말해 예수님이 부활하신 후 50일이 되는 날에 사도들과 여러 곳에 흩어져 있던 유대 그리스도인들이 모인 곳에 성령이 강림했습니다. 누가는 성령이 임하던 당시의 장면을 생생하게 기술하고 있습니다.

"홀연히 하늘로부터 급하고 강한 바람 같은 소리가 있어 그들이 앉은 온 집에 가득하며 마치 불의 혀처럼 갈라지는 것들이 그들에게 보여 각 사람 위에 하나씩 임하여 있더니 그들이 다 성령의 충만함을 받고 성령이 말하게 하심을 따라 다른 언어들로 말하기를 시작하니라"(행 2:2-4).

성령이 또 다른 보혜사라면, 논리적으로 볼 때 이는 원래의 보혜사가 있다는 말입니다. 그렇다면 원래의 보혜사는 누구일까요? 보혜사의 역할이나 기능을 볼 때 원래의 보혜사는 예수 그리스도이심이 분명합니다.

보혜사는 다른 사람을 바른길로 인도하고 가르치며 변호하는 사람을 가리킵니다. 예수님은 이스라엘 백성들을 향해 회개하고 하나님께 돌아오라고 호소하셨습니다. 사람들에게 진리가 무엇인지 가르쳐 주셨습니다. 어떤 사람이 복을 받을 수 있는지 알려주시고, 그리스도인으로서의 빛과 소금의 역할, 올바른 부부관계와 다른 사람들과의 관계, 그리고 하나님과의 올바른 관계, 종말에 대비한 삶의 방식 등에 대해서도 가르쳐 주셨습니다.

또 예수님은 간음한 여인을 변호해 주셨습니다. 서기관들과 바리새인들이 음행 중에 잡힌 여자를 끌고 와 예수님께 물었습니다.

"모세는 율법에 이러한 여자를 돌로 치라 명하였거니와 선생은 어떻게 말하겠나이까"(요 8:5).

이에 예수님이 대답하셨습니다.

"너희 중에 죄 없는 자가 먼저 돌로 치라"(요 8:7).

사람들이 다 떠나자 예수님은 그 여인에게 이렇게 말씀하시면서 격려해 주셨습니다.

"나도 너를 정죄하지 아니하노니 가서 다시는 죄를 범하지 말라"(요 8:11).

예수님은 제자들을 3년 동안 훈련시키셨습니다. 사도 요한은 예수님에 대해 이렇게 말하고 있습니다.

"만일 누가 죄를 범하여도 아버지 앞에서 우리에게 대언자가 있으니 곧 의로우신 예수 그리스도시라"(요일 2:1).

여기서 대언자는 보혜사를 의미하며, 이는 예수님이 보혜사가 되심을 증거하고 있는 것입니다.

생명의 떡

예수님은 공생애 동안 많은 이적과 기적을 행하셨습니다. 그중 하나가 오병이어의 기적입니다.

예수님은 한 아이가 갖고 있던 보리떡 다섯 개와 물고기 두 마리(그 아이가 먹을 도시락이었던 것 같음)에 축사하심으로 그 자리에 함께한 많은 사람을 배불리 먹이셨습니다. 성경에는 5,000명으로 기록되어 있지만, 부녀자들과 아이들을 포함하면 이보다 훨씬 더 많았을 것입니다. 고대 유대 사회에서는 사람들의 숫자를 셀 때 성인 남성만 계수했기 때문입니다. 성경은 이스라엘 백성들의 출애굽 당시의 인구를 이렇게 기록하고 있습니다.

"이십 세 이상으로 싸움에 나갈 만한 이스라엘 자손이 다 계수되었으니 계수된 자의 총계는 육십만 삼천오백오십 명이었더라"(민 1:45-46).

장정만 약 60만 명이었으니 전체 인구는 대략 200~250만 명이었을 것으로 추정됩니다.

사람들은 예수님이 행하신 기적을 보고 이분이야말로 자기들이 기다렸던 메시아라고 생각하고, 예수님을 억지로 붙들어 임금으로 삼으려 했습니다. 그러자 예수님은 급히 그곳을 떠나셨습니다.

이튿날이 되자 전날 배불리 먹은 사람들이 수소문해 예수님이 계신 곳을 알아냈습니다. 그들이 예수님을 찾은 것은 양식을 구하기 위해서였습니다. 예수님은 썩을 육신의 양식을 구하러 온 사람들을 향해 이렇게 말씀하셨습니다.

"나는 생명의 떡이니 내게 오는 자는 결코 주리지 아니할 터이요 …내가 하늘에서 내려온 것은…"(요 6:35-38).

예수님이 자신을 하늘에서 내려온 떡이라고 하자 사람들이 수군거렸습니다. 그곳에 있던 사람들 중에는 예수님의 가족에 대해 잘 알고 있는 사람도 있었습니다. 그가 요셉의 아들 예수라는 것을 알고 있는데 하늘에서 내려왔다고 하니 사람들이 수군거리는 것도 무리가 아니었습니다.

예수님은 사람들에게 수군거리지 말라고 하시면서 자신이 생명의 떡임을 다시 강조하셨습니다. 그러면서 이렇게 말씀하셨습니다.

"나는 하늘에서 내려온 살아 있는 떡이니 사람이 이 떡을 먹으면 영생하리라 내가 줄 떡은 곧 세상의 생명을 위한 내 살이니라"(요 6:51).

이에 유대인들이 서로 다투어 이 사람이 어떻게 자기 살을 자신들에게 주어 먹게 하겠느냐고 말했습니다. 그러자 예수님이 다음과 같은 말을 하셨습니다.

"인자의 살을 먹지 아니하고 인자의 피를 마시지 아니하면 너희 속에 생명이 없느니라 내 살을 먹고 내 피를 마시는 자는 영생을 가졌고 마지막 날에 내가 그를 다시 살리리니 내 살은 참된 양식이요 내 피는 참된 음료로다"(요 6:53-55).

예수님은 영적인 양식을 이야기하셨는데, 그들은 이를 육적인 양식으로 오해한 것입니다. 성경에서 말씀은 예수 그리스도를 가리키고, 예수 그리스도는 곧 말씀입니다. 말씀과 예수 그리스도는 동일어라고 할 수 있습니다. 그러므로 예수님께서 "내 살을 먹고 내 피를 마시는 자는 영생을 가졌고 마지막 날에 내가 그를 다시 살리리라"라고 하신 말씀은 이렇게 해석할 수 있을 것입니다. '이스라엘 백성들이 광야 생활을 마치고 약속의 땅인 가나안에 들어갈 때까지 하늘에서 내려온 만나를 매일 먹었듯이, 우리는 하나님의 말씀을 매일 받아먹어야 하나님나라에 들어가서 영원히 살 수 있다.'

이스라엘 백성들은 출애굽에 앞서 유월절 어린양의 고기를 충분히 먹었습니다. 살코기뿐 아니라 머리와 정강이와 내장까지 다 불에 구워 먹었습니다(출 12:8-9). 이는 앞으로 있을 순례 여행에 대비해 힘을 비축하기 위해서였습니다. 유월절 어린양은 예수님을 상징한다고 했습니다. 그러므로 어린양의 고기를 먹었다는 것을 영적으로 해석하면 예수님의 살을 먹었다는 의미입니다.

이스라엘 백성들이 광야에서 먹을 것이 없자 하나님이 매일 아침 만나를 내려 주셨습니다. 그들이 가나안에 들어갈 때까지 40년 동안 하루도 빠짐없이 주셨습니다. 만나 역시 예수님을 상징합니다. 우리도 주님이 예비하신 영원한 집에 들어가기까지 광야와 같은 험난한 순례 여행을 해야 합니다. 이때 사탄이 우리를 끊임없이 공격해 오고, 또 달콤한 말로 유혹하기도 합니다. 사탄의 달콤한 말에는 우리의 영혼을 서서히 죽이는 무서운 독이 있습니다. 사탄인 뱀이 하와에게 다가와 달콤한 말로 유혹했습니다.

"너희가 그것(선악과)을 먹는 날에는 너희 눈이 밝아져 하나님과 같이 되어"(창 3:5).

하와는 이 말에 넘어가 금단의 열매를 먹고, 남편인 아담에게도 먹게 했습니다. 사탄은 하나님의 아들인 예수님에게 다가와 천하만국과 그 영광을 보여 주면서 이렇게 유혹했습니다.

"만일 내게 엎드려 경배하면 이 모든 것을 네게 주리라"(마 4:9).

하와는 사탄의 달콤한 말에 넘어갔지만, 예수님은 이를 단호히 물리치셨습니다. 무엇으로 그렇게 하셨습니까? 하나님의 말씀, 즉 신명기 6장 13절의 "네 하나님 여호와를 경외하며 그를 섬기며 그의 이름으로 맹세할 것이니라"라는 말씀으로 물리치셨습니다.

우리가 사탄의 공격과 유혹을 이기려면 말씀으로 무장해야 합니다. 병사들이 전쟁터에 나갈 때는 반드시 무장을 합니다. 화살을 막을 수 있는 갑옷을 입고, 머리에는 투구를 씁니다. 적을 공격하기 위해 칼을 허리에 찹니다. 우리가 영적 싸움에서 승리하려면 우리도 병사들처럼 무장해야 합니다. 사도 바울은 이와 관련해 이렇게 말합니다.

"마귀의 간계를 능히 대적하기 위하여 하나님의 전신 갑주를 입으라"(엡 6:11).

우리가 순례 여행을 잘 마치고 하나님나라에 들어가려면 늘 말씀으로 무장하고 있어야 합니다. 다시 말하면, 매일매일 말씀을 읽고 묵상해야 합니다. 그래서 예수님이 자신을 생명의 떡이라고 말씀하신 것입니다.

다윗의 자손

　예수님은 십자가에 달리실 때가 되자 제자들과 함께 갈릴리를 떠나 베다니를 거쳐 예루살렘에 입성하셨습니다. 예수님은 유대인의 왕이요, 만왕의 왕이십니다. 이에 네 마리의 말이 끄는 화려한 마차를 타고 입성해야 마땅했습니다. 하지만 예수님은 스가랴 선지자의 예언대로 작은 나귀 새끼를 타고 입성하셨습니다.

　"시온의 딸아 크게 기뻐할지어다 예루살렘의 딸아 즐거이 부를지어다 보라 네 왕이 네게 임하시나니 그는 공의로우시며 구원을 베푸시며 겸손하여서 나귀를 타시나니 나귀의 작은 것 곧 나귀 새끼니라"(슥 9:9).

　예수님이 나귀 새끼를 타고 예루살렘에 입성하시자 수많은 군중이 자기의 겉옷과 나뭇가지를 펴고 예수님을 열렬히 환영했습니다.

그러면서 이렇게 소리쳤습니다.

"호산나 다윗의 자손이여 찬송하리로다 주의 이름으로 오시는 이여"(마 21:9).

'호산나'는 '구하옵나니 이제 구원하소서'라는 뜻입니다. 사람들이 예수님을 구원자로 생각하고 있었음을 알 수 있습니다. 예수님은 나병 환자, 중풍 병자, 혈루병 환자, 열병 환자 등 불치병 환자들을 치유해 주시고, 맹인의 눈을 뜨게 하시며, 걷지 못하는 자를 일으켜 세우셨습니다. 귀신 들려 고통받고 있는 사람들에게서 귀신을 쫓아내 귀신의 속박에서 해방시켜 주셨습니다. 떡 다섯 개와 물고기 두 마리로 5,000명을 먹이시고, 혼인 잔치에 가서 물을 포도주로 변화시키는 이적을 행하셨습니다. 죽은 나사로와 과부의 아들을 살리는 기적을 행하시고, 바리새인들과 달리 권능의 말씀을 선포하셨습니다.

이 모든 사건을 직접 눈으로 보고 귀로 들었던 사람들이 예수님을 구원자로 인식한 것은 당연하다고 할 수 있습니다.

또한 그들은 예수님을 가리켜 다윗의 자손이라고 했습니다. 다윗이 주변 나라들로부터 괴롭힘을 당했던 자기 조상들을 해방시켰듯이, 예수님도 메시아로서 자기들을 로마 제국의 압제로부터 해방시켜 줄 것이라고 생각했기 때문입니다.

출애굽한 이스라엘 백성들은 천신만고 끝에 가나안에 들어갔습니다. 하지만 그들의 삶은 순탄치 못했습니다. 주변에 있는 이민족들, 이를테면 모압, 가나안, 미디안, 암몬, 블레셋 족속이 수시로 침공해 이스라엘의 부녀자들을 괴롭히고 재산을 약탈했습니다. 그러자 그들은 여호와께 왕을 요구했습니다. 왕이 자기들을 지켜 주리라 기대했을 것입니다. 하지만 이는 이스라엘 백성들이 하나님의 통치를 거부하는 행위였습니다.

하나님은 왕을 요구하는 백성들이 못마땅하셨지만, 사무엘로 하여금 사울에게 기름을 붓도록 하셨습니다. 이렇게 해서 사울이 이스라엘 역사상 첫 임금이 되었습니다. 하지만 이민족들의 괴롭힘은 계속되었습니다. 특히 블레셋은 여러 번 이스라엘을 침공했고, 사울 왕은 블레셋과의 전투에서 전사하고 말았습니다.

이스라엘 백성들은 사울 왕이 죽자 그의 아들이 아니라 다윗을 왕으로 옹립했습니다. 다윗이 소년 시절에 블레셋의 골리앗 장군을 쓰러뜨리고 블레셋과의 전투를 승리로 이끌었던 영웅임을 기억했기 때문일 것입니다. 표면적으로는 백성들이 다윗을 왕으로 옹립한 것처럼 보이지만, 사실은 하나님이 이미 다윗을 왕으로 선택하셨습니다.

여호와 하나님이 사무엘에게 이렇게 말씀하셨습니다.

"내가 이미 사울을 버려 이스라엘 왕이 되지 못하게 하였거늘 네가 그를 위하여 언제까지 슬퍼하겠느냐 너는 뿔에 기름을 채워 가지고 가라 내가 너를 베들레헴 사람 이새에게로 보내리니 이는 내가 그의 아들 중에서 한 왕을 보았느니라"(삼상 16:1).

사무엘은 하나님의 명령에 따라 은밀히 이새의 집을 방문했습니다. 이새의 첫 번째 아들 엘리압을 보고는 그가 바로 여호와의 기름을 부을 자라고 생각했습니다. 그러자 하나님이 말씀하시기를 "사람은 외모를 보거니와 나 여호와는 중심을 보느니라"(삼상 16:7)라고 하셨습니다. 엘리압을 거절하신 것이지요. 이새가 둘째 아들 아비나답을 불러 사무엘 앞에 세웠습니다. 이에 사무엘이 이르기를 "여호와께서 이도 택하지 아니하셨다"라고 했습니다. 이새가 첫째부터 일곱째 아들까지 차례로 다 사무엘 앞에 세웠습니다. 그러나 사무엘은 이새에게 여호와께서 이들을 택하지 않으셨다고 말했습니다.

사무엘이 이새에게 "네 아들들이 다 여기 있느냐?"라고 묻자, 이새가 대답하기를 양을 치는 막내가 있다고 했습니다. 사무엘이 그 아이를 데려오라고 했습니다. 사무엘이 그 아이를 보니 그의 빛이 붉고 눈이 빼어나고 얼굴이 아름다웠습니다. 여호와께서 이르시기를 "이가 그니 일어나 기름을 부으라"(삼상 16:12)라고 하셨습니다. 사무엘이 기름 뿔병을 가져다가 그에게 부었습니다. 이 사람이 바로 소년 다윗이었습니다.

다윗은 사울 왕이 죽자 왕위에 올라 이스라엘 역사상 가장 강력한 국가를 건설했습니다. 블레셋과의 두 차례에 걸친 전쟁에서 크게 승리해 그들을 제압함으로 그들이 다시는 이스라엘을 넘보지 못하도록 했습니다. 주변에 있는 모압과 에돔, 다메섹, 하맛, 암몬, 소바도 제압해 그들로부터 조공을 받았습니다. 또한 여부스 족속이 살고 있던 견고한 예루살렘성을 정복해 이스라엘의 새 수도로 정했습니다.

이렇게 다윗이 확장한 영토는 남쪽의 아카바만과 애굽강으로부터 북쪽의 유브라데까지 이르렀습니다. 이는 하나님이 아브라함에게 약속하셨던 지역이었습니다.

"내가 이 땅을 애굽강에서부터 그 큰 강 유브라데까지 네 자손에게 주노니"(창 15:18).

당시 이스라엘 백성들은 다윗 왕으로 인해 주변 국가들의 외침이 없는 가운데 평안을 누리며 살았습니다.

로마 제국의 압제 아래 신음하고 있던 예수님 당시의 이스라엘 백성들은 다윗과 같은 위대한 지도자가 나타나기를 소망했을 것입니다. 그러다 예수님이 행하신 일들을 보고, 그분의 권능 있는 말씀을 듣고는 예수님이야말로 자기들을 로마 제국의 압제에서 해방할 수 있으리라고 생각했을 것입니다. 그래서 예수님이 예루살렘에 입성하시자 '다윗의 자손'이라고 소리치며 환영한 것입니다.

하지만 이튿날 예수님이 맥없이 십자가에 달리자 예수님에 대한 기대가 분노로 바뀌었습니다. 백성들은 십자가에 달린 예수님을 보고는 머리를 흔들며 조롱했습니다.

"성전을 헐고 사흘에 짓는 자여 네가 만일 하나님의 아들이어든 자기를 구원하고 십자가에서 내려오라"(마 27:40).

예수님은 사람들을 죄와 사탄의 억압에서 해방시킬 영적 메시아입니다. 그런데 당시 이스라엘 백성들은 예수님을 로마 제국의 압제에서 자기들을 해방시켜 줄 정치적 메시아로 생각한 것입니다.

유대인의 왕

로마의 총독 빌라도가 군병들에게 잡혀 온 예수님에게 "네가 유대인의 왕이냐"(마 27:11)라고 물었습니다. 빌라도가 이 질문을 한 것은 많은 유대인이 그렇게 생각하고 있다는 것을 알았기 때문입니다. 예수님이 빌라도의 질문에 "네 말이 옳다"라고 대답하셨습니다. 예수님께서 자신이 유대인의 왕이라고 하신 것은 세상적인 의미가 아니라 영적인 의미에서입니다.

바울은 로마에 있는 그리스도인들에게 보낸 편지에서 이렇게 말합니다.

> "이스라엘에게서 난 그들이 다 이스라엘이 아니요 또한 아브라함의 씨가 다 그의 자녀가 아니라 오직 이삭으로부터 난 자라야 네 씨라 불리리라 하셨으니 곧 육신의 자녀가 하나님의 자녀가 아니요 오직 약속의 자녀가 씨로 여기심을 받느니라"(롬 9:6-8).

하나님은 아브라함에게 하늘의 별과 바다의 모래같이 많은 후손을 주겠다고 약속하셨습니다. 이는 아브라함의 육신적 후손이 아니라 바울이 말한 것처럼 영적 후손을 말한 것입니다. 아랍 사람들은 육신적으로는 아브라함의 후손이지만, 바울이 말하는 영적인 의미의 아브라함의 후손이라 할 수는 없습니다. 바울이 말하는 아브라함의 후손은 예수 그리스도를 구주로 영접한 사람들입니다.

하나님의 아들인 예수님이 육신을 입고 세상에 오신 목적은 여러 가지가 있지만, 이 세상에 하나님나라를 세우는 것이 그중 하나입니다. 예수님이 공생애를 시작하시면서 제일 먼저 하신 말씀이 무엇입니까? "회개하라 천국이 가까이 왔느니라"(마 4:17)입니다. 이는 예수님의 오심으로 이 땅에 하나님나라가 도래하였다는 말입니다. 예수님은 사람들에게 씨 뿌리는 자의 비유, 겨자씨 비유, 달란트 비유 등 13개 비유를 통해 하나님나라를 알기 쉽게 설명해 주셨습니다. 그리고 갈릴리 지역을 주로 다니면서 하나님나라의 복음을 전파하셨습니다.

예수님은 먼저 어떤 사람이 복을 받을 수 있는지에 대해 말씀하셨습니다. 심령이 가난한 자, 애통하는 자, 온유한 자, 의에 주리고 목마른 자, 긍휼히 여기는 자, 마음이 청결한 자, 화평하게 하는 자, 의를 위하여 박해를 받는 자 등이 복을 받을 것이라고 하셨습니다(마 5:3-11).

또한 예수님은 사람들에게 하나님나라의 규범과 윤리에 대해 자세히 설명해 주셨습니다. 세상에서의 빛과 소금과 같은 삶, 간음과 거짓 맹세의 금지, 원수 사랑, 은밀한 구제와 기도, 자족하는 삶, 분노와 비판의 자제 등입니다(마 5-7장). 이 중 가장 우리의 주목을 끄는 말씀은 "남에게 대접을 받고자 하는 대로 너희도 남을 대접하라"(마 7:12)라는 말씀입니다. 우리는 이 말씀을 가리켜 황금률이라고 부릅니다.

우리가 예수님을 믿고 구주로 영접하면 하나님나라의 시민이 됩니다. 그러므로 믿는 사람들은 세상 나라의 시민인 동시에 하나님나라의 시민으로서, 이중 국적자라 할 수 있습니다. 예수님이 이 땅에 세우신 하나님나라는 점차 확장해 나갈 것입니다. 예수님은 겨자씨 비유와 누룩 비유 이야기를 통해 이 점을 분명히 말씀하고 있습니다. 하나님나라는 처음에는 미약했으나 바울 시대에는 소아시아와 헬라 지역, 로마 지역까지 확장되었고, 그 후에는 아프리카, 아메리카, 아시아 등 전 세계로 확장되었습니다.

하나님나라의 주권자는 하나님이십니다. 하지만 하나님은 그 통치권을 아들인 예수님에게 위임하셨습니다. 그러므로 예수님은 영적인 유대인들의 왕이 되시는 것입니다. 그래서 예수님이 "네가 유대인의 왕이냐"라는 빌라도의 질문에 "그렇다"라고 대답하셨던 것입니다.

대제사장

히브리서 기자는 예수님을 가리켜 대제사장이라고 했습니다.

> "우리에게 큰 대제사장이 계시니 승천하신 이 곧 하나님의 아들 예수시라"(히 4:14).

제사장은 하나님과 인간 사이의 중보자입니다. 선지자가 인간들에 대한 하나님의 대변자라면, 제사장은 하나님에 대한 인간들의 대변자라 할 수 있습니다. 이스라엘 역사의 초기, 이를테면 아브라함, 이삭, 야곱으로 이어지는 족장 시대에는 가정이나 지파의 우두머리가 제사장직을 수행했습니다. 창세기 8장 20절을 보면 '노아가 여호와께 제단을 쌓고 모든 정결한 짐승과 모든 정결한 새 중에서 제물을 취하여 번제로 드렸다'고 말합니다. 창세기 22장 13절에서는 '아브라함이 숫양을 가져다가 아들을 대신하여 번제로 드렸다'고 하고,

또 창세기 26장 25절에서는 '이삭이 제단을 쌓고 여호와의 이름을 불렀다'고 말합니다. 이처럼 가장이 제사장 역할을 했음을 알 수 있습니다.

그러나 모세 시대부터는 전문적인 제사장 제도가 시작되었습니다. 최초의 제사장은 모세의 형인 아론이고, 그 이후에는 레위 족속 중에서 기름 부음을 받은 사람이 제사장 직분을 이어 갔습니다. 제사장의 역할 내지 직분은 사람들이 하나님께 속죄하는 일을 수종 드는 것이었습니다. 이것은 거룩한 일이었기에 이들은 따로 지은 특별한 예복을 입었습니다.

"흉패와 에봇과 겉옷과 반포 속옷과 관과 띠라"(출 28:4).

제사장은 이 일에만 전념해야 하므로 토지를 분배받지 못하고 사람들이 하나님께 드리는 희생제물로 생계를 유지했습니다.

예수님이 세상에 오신 뒤로 구약의 제사장 제도는 더는 존속할 이유도, 필요도 없게 되었습니다. 예수님이 영원한 제사장으로서 하나님 앞에서 우리를 변호해 주시기 때문입니다.

예수님은 부활하신 후 예수님의 죽음으로 실의에 빠진 제자들을 찾아가 새로운 힘과 용기를 복돋워 주시고, 세상에서 40일 동안 활동하시다가 하늘에 오르시어 하나님 우편에 앉으셨습니다.

히브리서 기자는 대제사장이신 예수님과 우리의 관계에 대해 이렇게 말합니다.

"우리에게 있는 대제사장은 우리의 연약함을 동정하지 못하실 이가 아니요 모든 일에 우리와 똑같이 시험을 받으신 이로되 죄는 없으시니라"(히 4:15).

예수님이 우리의 연약함을 동정하신다고 했습니다. 여기서 연약함은 복수로서 인간의 온갖 연약한 점들을 말합니다. 우리 인간은 육체적, 정신적, 도덕적으로 모두 연약합니다. 이 연약함은 모든 죄악의 근원이 됩니다. 인간이 근본적으로 연약한 것은 흙으로 지음을 받았기 때문입니다.

젊은이들은 힘이 넘치기 때문에 자기가 연약하다는 사실을 인정하지 않으려 합니다. 그러나 아무리 강한 사람이라도 불치병에 걸리거나 크게 실패하면 무력감을 뼈저리게 느끼게 됩니다. 우리는 마음으로는 의롭고 선하고 진실하게 살고자 합니다. 하지만 그렇게 살지 못하고 죄를 지을 때가 많습니다. 우리가 심히 연약한 존재이기 때문입니다. 바울도 자신의 연약함을 고백했습니다.

"내가 원하는바 선은 행하지 아니하고 도리어 원하지 아니하는바 악을 행하는도다"(롬 7:19).

선을 행하고자 하는 선의지(善意志)가 있음에도 이와 반대로 행하는 자신의 연약함에 대한 고백이라 할 수 있습니다.

약육강식의 법칙이 지배하는 세상에서 연약한 사람은 살아가

기가 쉽지 않습니다. 세상은 그러한 사람을 배려하지 않기 때문입니다.

하지만 예수님은 우리의 연약함을 동정하십니다. 여기서 '동정'은 헬라어로 '쉼파데오'인데, 이는 '고통을 함께 체험한다'는 뜻입니다. 예수님은 우리의 연약함을 깊이 이해시고 동정하실 뿐 아니라 우리의 고통에 함께하십니다. 예수님이 우리의 고통에 함께해 주실 수 있는 것은 모든 일에서 우리와 똑같이 시험을 받으셨기 때문입니다. '모든 일'이란 삶의 모든 영역을 말합니다. 예수님은 우리와 똑같은 인성을 갖고 사셨기 때문에 우리가 겪는 모든 괴로움을 잘 알고 계십니다. 배고픔의 고통, 사랑하는 사람과 이별하는 아픔, 질병으로 인한 육신의 고통, 배신의 아픔, 사람들로부터 조롱당하는 아픔 등을 잘 알고 계십니다. 사탄의 유혹이 얼마나 무서운지에 대해서도 잘 아십니다. 그래서 예수님이 우리의 고통을 잘 이해하고 위로해 주실 수 있는 것입니다. 그러므로 우리는 힘들고 지치고, 무력해질 때, 대제사장이 되시는 예수님께 나아가 호소하면 됩니다.

구약 시대의 제사장에게는 구비해야 할 자격 조건이 있었습니다.

첫째, 제사장은 사람의 편에 서야 했습니다. 천사가 하나님의 편에 서서 하나님의 말씀을 인간에게 전하는 전령이었다면, 제사장은 인간의 편에 서서 인간을 대신하여 하나님께 나아갔습니다. 한마디로 제사장은 인간이어야 했습니다. 대제사장이신 예수님은 그 본체가 하나님이십니다. 하나님의 아들로서는 제사장이 될 수 없기에 예수님은 육신을 입고 세상에 오셨습니다. 그러므로 예수님은 제사장으로서의 첫 번째 요건을 충족한다고 할 수 있습니다.

둘째, 제사장은 제물을 드리는 사람이어야 했습니다. 우리 인간은 죄로 말미암아 영원히 죽을 수밖에 없습니다. 그러나 하나님은 죄는 미워하시나 인간을 여전히 사랑하십니다. 아담이 죄를 범하고 나서 두려운 나머지 하나님의 낯을 피했습니다. 그러자 하나님이 아담을 애타게 부르셨습니다.

> "여호와 하나님이 아담을 부르시며 그에게 이르시되 네가 어디 있느냐"(창 3:9).

하나님이 아담을 사랑하지 않으셨다면 아마 그를 찾지 않으셨을 것입니다. 그가 죄를 짓든 말든 관심이 없으셨을 것입니다. 그를 너무나도 사랑하셨기에 안타까운 마음으로 자기 곁을 떠난 아담을 애타게 부르신 것입니다.

가인은 동생 아벨을 죽이는 끔찍한 죄를 저질렀습니다. 그럼에도 하나님은 사람들로 하여금 가인을 죽이지 못하도록 하셨습니다. 가인은 동생을 죽인 후 죄책감으로 심히 괴로워하면서 하나님께 호소했습니다.

> "내 죄벌이 지기가 너무 무거우니이다"(창 4:13).

가인은 또한 다른 사람들이 자기를 죽일지도 모른다는 두려움에

사로잡혔습니다. 그래서 하나님께 호소하기를 "무릇 나를 만나는 자마다 나를 죽이겠나이다"라고 했습니다. 하나님은 가인의 호소에 응답하셨습니다.

"가인을 죽이는 자는 벌을 칠 배나 받으리라"(창 4:15).

그러면서 가인에게 표를 주심으로 그를 만나는 모든 사람에게서 죽임을 면하게 하셨습니다. 하나님이 가인의 얼굴에 도장을 찍은 것은 죄인의 표식인 동시에 은혜의 표식이기도 했습니다.

하나님은 죄인들을 긍휼히 여기시지만, 그렇더라도 인간은 죄의 문제를 해결해야만 하나님께 나아갈 수 있습니다. 그래서 하나님은 제사 제도를 마련해 주셨습니다. 이스라엘 백성들은 죄를 지을 때마다 제사 제도에 따라 양이나 비둘기 등을 제물로 드렸습니다. 하지만 제물로 드린 동물의 피는 그들의 죄를 일시적으로 덮어 줄 뿐이었습니다. 그래서 하나님은 독생자인 예수 그리스도를 이 땅에 보내 우리의 죄를 영원히 담당케 하셨습니다. 십자가에 달리신 예수 그리스도를 믿고 영접하면 하나님은 그 사람을 의롭다 칭하십니다. 그러면 그는 구약 시대의 사람들처럼 죄를 지을 때마다 동물의 피를 제물로 드릴 필요가 없습니다.

이렇게 해서 예수님은 제사장이 되셨을 뿐 아니라 우리의 죄를 대속하기 위한 희생제물이 되셨습니다.

셋째, 제사장은 부르심을 받은 사람이어야 했습니다. 제사장은 자기가 하고 싶다고 되는 것이 아니라, 하나님의 부르심이 있어야 했습니다. 최초의 제사장이 누구입니까? 모세의 형인 아론입니다. 그는 모세의 영향력이 아니라 하나님의 부르심을 받고 제사장이 되었습니다. 출애굽기 4장 27절을 보면 "여호와께서 아론에게 이르시되 광야에 가서 모세를 맞으라 하시매 그가 가서 하나님의 산에서 모세를 만나 그에게 입맞추니"라고 말합니다. 히브리서 기자는 이 점을 분명히 증언하고 있습니다.

> "이 존귀는 아무도 스스로 취하지 못하고 오직 아론과 같이 하나님의 부르심을 받은 자라야 할 것이니라"(히 5:4).

사무엘도 하나님의 부르심을 받아 제사장이 되었습니다. 히브리서 기자는 예수님이 제사장이 된 것도 하나님이 세우셨기 때문임을 말하고 있습니다.

> "또한 이와 같이 그리스도께서 대제사장 되심도 스스로 영광을 취하심이 아니요 오직 말씀하신 이가 그에게 이르시되 너는 내 아들이니 내가 오늘 너를 낳았다 하셨고 또한 이와 같이 다른 데서 말씀하시되 네가 영원히 멜기세덱의 반차를 따르는 제사장이라 하셨으니"(히 5:5-6).

우리가 여기서 주목할 것은, 예수님은 아론이 아니라 멜기세덱의 반차를 따라 제사장이 되셨다는 것입니다. 멜기세덱이 누구입니까? 창세기 14장을 보면 멜기세덱은 포로로 잡혀간 조카 롯을 구하려고 적진에 뛰어들어 크게 승리하고 돌아온 아브라함을 축복한 사람입니다. 그는 살렘 왕이요, 지극히 높은 하나님의 제사장이며, 시작한 날도 없고 생명의 끝도 없어 하나님의 아들과 닮아서 항상 제사장으로 있다고 했습니다(히 7:1-3). 멜기세덱의 신성(神性)을 잘 말해 주고 있습니다.

예수님은 하나님의 아들이기 때문에 인간인 아론의 반차를 따라 제사장이 될 수 없고, 신성을 가진 멜기세덱의 반차를 따라 제사장이 되어야 한다는 뜻입니다.

랍비

'랍비'는 '나의 선생'이라는 뜻으로, 유대인들이 율법교사들을 가리켜 부르는 칭호였습니다. 그런데 예수님의 제자들과 예수님을 따르는 사람들이 예수님을 이 랍비라고 불렀습니다.

예수님이 십자가의 죽음을 앞두고 예루살렘 근처인 베다니를 지나갈 때 배가 고프셨습니다. 저 멀리 한 무화과나무가 보였습니다. 혹 그 나무에 열매가 있을까 가보니 잎사귀 외에 아무것도 없었습니다. 예수님이 그 나무에게 말씀하기를 "이제부터 영원토록 사람이 네게서 열매를 따 먹지 못하리라"(막 11:14)라고 하셨습니다. 다음 날 제자들은 그 무화과나무가 마른 것을 보았습니다. 베드로가 전날 예수님의 말씀이 생각나서 예수님께 이렇게 말했습니다.

"랍비여 보소서 저주하신 무화과나무가 말랐나이다"(막 11:21).

베드로가 예수님을 랍비라 부른 것을 알 수 있습니다.

세례 요한의 제자인 안드레도 예수님을 만나자 '랍비'라 하면서 예수님의 제자가 되었습니다. 그는 자기 형인 베드로를 예수님께 소개해 제자가 되도록 하기도 했습니다(요 1:35-42).

사도 요한은 요한복음에서 나다나엘이 어떻게 예수님의 제자가 되었는지에 대해 기술하고 있습니다. '나다나엘'은 '하나님의 선물'이라는 뜻입니다. 참으로 좋은 이름이요, 복 받은 이름이었습니다. 하지만 나다나엘의 형편은 그렇지 못했던 것 같습니다. 그런데 어느 날 빌립이 실의에 빠진 나다나엘을 찾아와 기쁜 소식을 전했습니다.

"모세가 율법에 기록하였고 여러 선지자가 기록한 그이를 우리가 만났으니 요셉의 아들 나사렛 예수니라"(요 1:45).

그러자 나다나엘이 시큰둥하게 말했습니다.

"나사렛에서 무슨 선한 것이 날 수 있느냐"(요 1:46).

나다나엘은 '일단 가보자'는 빌립의 권유로 예수님에게 나아갔습니다. 예수님이 자신에게 다가오는 나다나엘을 향해 이렇게 말씀하셨습니다.

"보라 이는 참으로 이스라엘 사람이라 그 속에 간사한 것이 없도

다"(요 1:47).

나다나엘이 예수님께 어떻게 자기를 아시느냐고 물었습니다. 예수님은 "빌립이 너를 부르기 전에 네가 무화과나무 아래에 있을 때에 보았노라"(요 1:48)라고 답하셨습니다. 그러자 나다나엘이 이렇게 고백합니다.

"랍비여 당신은 하나님의 아들이시요 당신은 이스라엘의 임금이로소이다"(요 1:49).

어느 날 밤중에 니고데모라는 사람이 은밀히 예수님을 찾아왔습니다. 그는 산헤드린 공의회 의원, 지금으로 하면 국회의원이었습니다. 당시 바리새인들이나 유대의 지도자들은 예수님을 이단을 가르치는 자로 여겨 멀리했습니다. 니고데모는 자기가 예수님을 만난 것이 알려지면 신변에 좋지 않다는 것을 알고 있었기에 은밀히 찾아온 것입니다. 그는 예수님을 보자마자 랍비라 부르면서 이렇게 말했습니다.

"우리가 당신은 하나님께로부터 오신 선생인 줄 아나이다 하나님이 함께하시지 아니하시면 당신이 행하시는 이 표적을 아무도 할 수 없음이니이다"(요 3:2).

예수님은 니고데모에게 거듭남, 자신이 십자가에 달려야 하는 이유, 죄인들을 위해 독생자까지도 아끼지 않고 내어 주시는 하나님의 놀라운 사랑, 심판과 구원 등에 대해 가르쳐 주셨습니다. 이후 니고데모는 공개적으로 예수님을 믿고 시인하지는 않았지만, 마음속으로는 예수님을 영접했던 것 같습니다. 이는 니고데모가 몰약과 향품을 가지고 와 예수님의 장례에 참여한 것을 통해 알 수 있습니다(요 19:39).

예수님과 제자들이 예루살렘에서 갈릴리로 돌아오는 길에 사마리아에 있는 수가라는 곳을 지나게 되었습니다. 제자들은 먹을 것을 구하러 마을로 가고 예수님 혼자 우물가에 있는데, 한 여인이 물을 길으러 왔습니다. 예수님은 그 여인에게서 물을 얻어 마시고 대화를 나누었습니다. 이때 음식을 구해 온 제자들이 이렇게 말합니다.

"랍비여 잡수소서"(요 4:31).

예수님이 제자들과 함께 갈릴리 바다 건너편으로 가시자 큰 무리가 예수님을 맞이했습니다. 이들은 예수님이 불치병 환자들을 고치시는 등 여러 가지 표적을 행하신 것을 직접 눈으로 보았거나 들어서 알고 있었기 때문입니다. 예수님이 이들이 배가 고픈 것을 아시고 빌립에게 이르시기를 "우리가 어디서 떡을 사서 이 사람들을 먹일 수 있겠느냐"라고 하셨습니다. 그러자 안드레가 예수님께 말했습니다.

"여기 한 아이가 있어 보리떡 다섯 개와 물고기 두 마리를 가지고 있나이다"(요 6:9).

예수님이 떡과 물고기를 갖고 축사하신 후 거기에 있던 사람들에게 나누어 주게 하셨습니다. 5,000명이 배불리 먹고도 열두 바구니가 남았습니다. 우리는 이를 오병이어의 기적이라 부릅니다.

예수님은 저녁이 되자 배를 타고 바다 건너 가버나움으로 가셨습니다. 그런데 이튿날 사람들이 배를 타고 예수님을 찾아 가버나움으로 건너왔습니다. 그러면서 "랍비여 언제 여기 오셨나이까"(요 6:25)라고 물었습니다.

예수님이 어느 날 길을 가시다 날 때부터 맹인 된 사람을 보셨습니다. 제자들이 예수님께 물었습니다.

"랍비여 이 사람이 맹인으로 난 것이 누구의 죄로 인함이니이까 자기니이까 그의 부모니이까"(요 9:2).

예수님은 십자가에 달리기 전날 마가의 다락방에서 제자들과 마지막 만찬을 하셨습니다. 이때 이런 말씀을 하셨습니다.

"인자는 자기에 대하여 기록된 대로 가거니와 인자를 파는 그 사람에게는 화가 있으리로다 그 사람은 차라리 태어나지 아니하였더라면 제게 좋을 뻔하였느니라"(마 26:24).

그러자 가룟 유다가 이렇게 말했습니다. "랍비여, 나는 아니지요." 그러나 스승인 예수님을 대제사장에게 은 30에 팔아넘긴 가룟 유다가 예수님께 나아가 "랍비여, 안녕하시옵니까" 하고 입을 맞춤으로 (마 26:49) 예수님은 대제사장 일행에게 잡히셨습니다.

부활하신 예수님이 자신의 무덤 앞에서 울고 있는 막달라 마리아에게 나타나 이렇게 말씀하셨습니다. "여자여, 어찌하여 울며 누구를 찾느냐"(요 20:15). 마리아는 그가 동산지기인 줄 알고 그가 예수님의 시신을 옮겼다면 그곳을 알려 달라고 했습니다. 예수님이 "마리아야"라고 부르시자 그녀가 돌아보며 "랍오니"라고 했습니다(요 20:16). '랍오니'는 랍비, 선생이라는 뜻입니다.

예수님은 바리새인들을 신랄하게 비판하셨습니다. 특히 겉과 속이 다른 그들의 이중성을 지적하셨습니다. 사람들은 바리새인들을 랍비로 알고 있었지만, 예수님은 자신이 진정한 랍비요 그들은 가짜라고 말씀하셨습니다.

> "그들 서기관들과 바리새인들의 모든 행위를 사람에게 보이고자 하나니 곧 그 경문 띠를 넓게 하며 옷술을 길게 하고 잔치의 윗자리와 회당의 높은 자리와 시장에서 문안 받는 것과 사람에게 랍비라 칭함을 받는 것을 좋아하느니라 그러나 너희는 랍비라 칭함을 받지 말라 너희 선생은 하나요 너희는 다 형제니라"(마 23:5-8).

선생

'선생'은 가르치는 사람에 대한 칭호로서, 신약에서는 세례 요한이나 유대인 종교 지도자들에 대해 사용되거나, 초대 교부들을 가리키기도 했습니다. 세례 요한이 세례 받으러 온 사람들을 향해 질책하기를 "독사의 자식들아, 누가 너희에게 일러 장차 올 진노를 피하라 하더냐"라고 했습니다. 그러자 사람들이 세례 요한에게 "그러면 우리가 무엇을 하여야 합니까?"라고 물었습니다. 세례 요한이 대답하기를 "옷 두 벌 있는 자는 옷 없는 자에게 나눠 줄 것이요 먹을 것이 있는 자도 그렇게 할 것이니라"(눅 3:11)라고 했습니다. 세례 받으러 온 세리들도 세례 요한에게 이렇게 물었습니다.

"선생이여 우리는 무엇을 하리이까"(눅 3:12).

세리들이 세례 요한을 선생이라 부른 것을 알 수 있습니다.

예수님이 열두 살 때 유월절이 되자 부모와 함께 예루살렘으로 올라갔습니다. 예수님은 부모 곁을 떠나 성전에 들어가 선생들 중에 앉아 그들에게 듣기도 하고 묻기도 했습니다(눅 2:46). 여기서 선생들은 종교 지도자들을 가리킵니다.

예수님은 자신을 찾아온 이스라엘의 지도자에 속하는 니고데모를 가리켜 '이스라엘의 선생'이라고 하셨습니다(요 3:10). 바울은 제자인 디모데에게 보낸 편지에서 자기가 복음을 위하여 선포자와 사도와 교사로 세우심을 입었다고 했습니다(딤후 1:11). 예수님의 동생인 야고보는 자기 자신을 포함한 모든 사도를 선생이라고 했습니다(약 3:1). 예수님이 갈릴리 언덕에서 모여든 수많은 사람을 향해 하나님 나라의 복음을 전파하셨습니다. 그것이 산상수훈이라 부르는 마태복음 5장부터 7장까지의 말씀입니다. 예수님의 말씀을 들은 청중의 반응은 이러했습니다.

"이는 그 가르치시는 것이 권위 있는 자와 같고 그들의 서기관들과 같지 아니함일러라"(마 7:29).

사람들이 예수님을 진정한 선생으로 인식했음을 알 수 있습니다.

선지자

'선지자'는 하나님의 말씀을 받아 그 뜻을 사람들에게 전달하는 사람으로, '예언자'라 부르기도 합니다. 구약에서 선지자는 왕이나 제사장과 같이 하나님의 기름 부음을 받았습니다. 모세를 최초의 선지자로 보기도 하지만, 기름 부음을 받은 사무엘이 사실상 최초의 선지자라 할 수 있습니다. 그리고 마지막 선지자는 예수님의 길을 예비한 세례 요한입니다.

선지자들 중 열여섯 명이 예언서를 기록했습니다. 곧 이사야, 예레미야, 에스겔, 다니엘, 호세아, 요엘, 아모스, 오바댜, 요나, 미가, 나훔, 하박국, 스바냐, 학개, 스가랴, 말라기입니다. 예언서를 기록하지는 않았지만, 당시 백성들에게 큰 영향력을 끼친 선지자도 많이 있습니다. 사무엘, 엘리야, 엘리사, 나단, 세례 요한 등입니다.

사무엘은 한나가 눈물의 기도로 얻은 아들로, 그 이름은 '하나님께서 들으셨다'라는 뜻입니다. 사무엘은 이스라엘 역사상 마지막 사사요, 최초의 선지자이자 제사장이었습니다. 또한 그는 삼손, 세례 요한처럼 평생을 여호와 하나님을 위해 헌신해야 하는 나실인이었고, 사울과 다윗에게 기름을 부어 왕위에 오르게 한 킹 메이커였습니다.

엘리야는 이스라엘을 종교적으로 타락시킨 아합 왕과 그의 아내 이세벨에 대항한 선지자였습니다. 그는 갈멜산에서 이세벨이 모국에서 데려온 바알 선지자 400명과 싸워 승리했고, 회오리바람을 타고 하늘로 올라갔다고 성경은 기록하고 있습니다(왕하 2:11).

나단은 성전 건축에 대해 다윗과 상의하기도 했으나 다윗의 간음에 대해서는 단호히 꾸짖고 하나님의 무서운 징계가 있을 것임을 예언한 선지자였습니다.

"이제 네가 나를 업신여기고 헷 사람 우리아의 아내를 빼앗아 네 아내로 삼았은즉 칼이 네 집에서 영원토록 떠나지 아니하리라"(삼하 12:10).

이 예언대로 다윗의 장남인 암논이 이복누이 다말을 강간하고, 다말의 친오빠인 압살롬이 이복형인 암논을 죽였습니다. 압살롬은 아버지인 다윗에게 반역하고 아버지의 후궁 열 명과 동침하기도 했습니다. 이 일로 인해 압살롬은 결국 반란군의 진압 과정에서 요압 장군에게 죽임을 당했습니다. 다윗의 노년에 이르러서는 넷째 아들인 아도니야가 권력욕에 사로잡혀 스스로 왕이라 칭했으나 다윗이 죽고 솔로몬이 왕위에 오르면서 죽임을 당했습니다.

세례 요한은 예수님의 길을 예비한 선지자로, 자기는 주의 길을 준비하고 그가 오실 길을 곧게 하는 사람이라고 했습니다(마 3:3).

예수님이 어느 날 제자들에게 "사람들이 인자를 누구랴 하느냐"라고 물었습니다. 그러자 제자들이 세례 요한이라 하는 사람들도 있고, 선지자 중 하나라고 하는 사람들도 있다고 대답했습니다. 당시 많은 사람이 예수님을 엘리야나 예레미야와 같은 선지자로 생각하고 있었음을 알 수 있습니다.

예수님은 제자들에게 자신이 십자가에서 죽을 것과 죽은 자 가운데서 다시 살아날 것을 말씀하셨습니다.

"인자가 장차 사람들의 손에 넘겨져 죽임을 당하고 제삼일에 살아나리라"(마 17:22-23).

"모세가 광야에서 뱀을 든 것같이 인자도 들려야 하리니 이는 그를 믿는 자마다 영생을 얻게 하려 하심이니라"(요 3:14-15).

사람들이 예수님께 표적을 구하자 예수님은 요나의 표적밖에는 보여 줄 것이 없다고 하셨습니다(마 12:39).

하나님이 어느 날 요나에게 니느웨로 가서 복음을 전하라고 하셨습니다. 요나는 하나님의 이러한 명령을 도저히 이해할 수 없었습니다. 니느웨는 북이스라엘을 철저히 멸망시킨 앗수르의 수도로서,

앗수르는 이스라엘 백성들에게 철천지원수의 나라였기 때문입니다. 이에 요나는 하나님의 낯을 피해 니느웨의 반대편에 있는 다시스(지금의 스페인)로 향하는 배에 올랐습니다. 그런데 배가 항해 중 큰 풍랑을 만나 침몰 위기에 처했습니다. 사람들은 이 풍랑이 누구 때문인지 제비를 뽑자고 했는데 마침 요나가 뽑혔고, 그는 자신을 바다에 던지라고 했습니다. 요나를 바다에 던지자 큰 물고기가 요나를 삼켰습니다.

그 물고기가 사흘 후에 요나를 해변에 토해 냈습니다. 바로 니느웨 바닷가였습니다. 결국 요나는 니느웨로 들어가 "사십 일이 지나면 니느웨가 무너지리라"(욘 3:4)라는 하나님의 말씀을 전했습니다. 이렇게 해서 니느웨 사람들이 회개하고 구원을 받았습니다.

요나가 물고기 뱃속에 3일 동안 있다가 다시 살아난 것은, 예수님이 죽으신 지 사흘 만에 부활하실 것임을 예표합니다. 예수님은 자신의 죽음과 부활에 관해 말씀하셨고, 말씀하신 대로 십자가에서 죽으시고 사흘 만에 다시 살아나셨습니다. 이 외에도 예수님은 여러 가지 미래에 있을 일을 예언하셨습니다.

예수님은 예루살렘 성전이 무너질 것을 예언하셨습니다.

> "내가 진실로 너희에게 이르노니 돌 하나도 돌 위에 남지 않고 다 무너뜨려지리라"(마 24:2).

예수님의 이 예언은 30여 년 후 현실이 되었습니다. 유대인들은 로마 제국의 계속된 학정에 저항해 반란을 일으켰습니다. 그러자 로마 황제는 이를 제압하기 위해 디도 장군이 이끄는 강력한 군대를 예루살렘에 보냈습니다. 예루살렘은 예수님의 예언대로 70년에 함락되어 멸망하고 말았습니다.

70여 차례의 공격과 한 병사가 성전 안에 횃불을 던져 전소시킴으로 성전을 위시해 예루살렘 전 도시가 옛 터를 찾아볼 수 없을 만큼 철저히 파괴되었다고 합니다.

예수님은 우주적 종말과 예수님의 재림에 대해서도 예언하셨습니다.

> "그날 환난 후에 즉시 해가 어두워지며 달이 빛을 내지 아니하며 별들이 하늘에서 떨어지며 하늘의 권능들이 흔들리리라 그때에 인자의 징조가 하늘에서 보이겠고 그때에 땅의 모든 족속들이 통곡하며 그들이 인자가 구름을 타고 능력과 큰 영광으로 오는 것을 보리라"(마 24:29-30).

예수님은 예루살렘의 멸망, 그리고 인류의 종말과 자신의 재림에 대해 예언하셨습니다. 예루살렘 멸망의 예언은 이미 성취되었고, 종말과 재림의 예언은 장차 이루어질 것입니다. 그날과 그때는 하늘의 천사들도, 아들도 모르고 오직 아버지만 아신다고 했습니다(마 24:36).

예수님도 모르고 하나님만 아신다는 것입니다. 하지만 언젠가 세상의 종말과 함께 예수님은 다시 오실 것입니다. 예수님도 이 점을 분명히 말씀하셨습니다.

"천지는 없어질지언정 내 말은 없어지지 아니하리라"(마 24:35).

인류의 종말과 예수님의 재림은 갑자기 이루어지겠지만, 그 전에 어떤 징조가 있을 것이라고 했습니다.

첫째, 거짓 그리스도의 출현입니다. 예수님은 말세의 징조로 가장 먼저 거짓 그리스도가 나타날 것이라고 했습니다.

"많은 사람이 내 이름으로 와서 이르되 나는 그리스도라 하여 많은 사람을 미혹하리라"(마 24:5).

말세가 가까워질수록 이단들이 여기저기서 나타나 믿는 이들을 미혹할 것이라는 말입니다. 이단은 정통신앙에 반대되는 신앙 혹은 세력을 지칭하는 용어입니다. 기독교는 초기부터 변질된 신앙, 즉 이단으로부터 도전을 받았습니다. 기독교 초기에 나타난 대표적인 이단으로 영지주의가 있고, 그 외에도 아리우스주의, 펠라기우스주의, 네스토리우스주의, 몬타누스주의, 마니교 등이 있었습니다. 한국 기독교의 이단으로는 통일교, 여호와의 증인, 신천지, 다미선교회, 구원파, 용문산기도원, 안식교, 영생교, 만민중앙교회, 정명석의 JMS 등이 있습니다.

둘째, 재난의 연속입니다. 말세가 가까워질수록 세상에는 전쟁과 기근, 지진과 같은 재난이 빈번하게 일어날 것이라고 했습니다.

"민족이 민족을, 나라가 나라를 대적하여 일어나겠고 곳곳에 기근과 지진이 있으리니"(마 24:7).

오늘날에도 세계 곳곳에서 전쟁이 끊이지 않고 있고, 기후 변화로 지진과 해일, 폭우와 산불 등 자연재해가 과거보다 크고 빈번하게 발생하고 있습니다. 이 모든 재난은 주로 인간의 탐욕 때문입니다.

셋째, 불법의 성행입니다. 사회에 불법이 성행하면 부정부패가 난무하고, 사람들이 무자비해지고 이기적이 되어 세상이 너무 삭막해집니다. 바울은 말세에 나타날 현상에 대해 이렇게 말했습니다.

"너는 이것을 알라 말세에 고통하는 때가 이르러 사람들이 자기를 사랑하며 돈을 사랑하며 자랑하며 교만하며 비방하며 부모를 거역하며 감사하지 아니하며 거룩하지 아니하며 무정하며 원통함을 풀지 아니하며 모함하며 절제하지 못하며 사나우며 선한 것을 좋아하지 아니하며 배신하며 조급하며 자만하며 쾌락을 사랑하기를 하나님 사랑하는 것보다 더하며"(딤후 3:1-4).

우리가 살고 있는 세상을 조망해 볼 때 종말과 예수 그리스도의 재림이 가까워지고 있는 것이 아닌가 하는 생각이 듭니다.

종말의 때에는 해가 어두워지고, 달이 빛을 내지 않으며, 별들이 하늘에서 떨어지고, 하늘의 권능들이 흔들릴 것이라고 했습니다. 해가 어두워지면 생명의 에너지가 공급되지 못합니다. 그러면 인간을 비롯한 모든 생명체는 생명을 잃게 될 것입니다. 하늘의 권능들이 흔들린다는 것은 우주를 지탱해 왔던 질서가 무너진다는 말입니다. 그러므로 수많은 별이 우수수 떨어지게 됩니다. 사도 요한도 이와 관련해 이렇게 말했습니다.

"하늘의 별들이 무화과나무가 대풍에 흔들려 설익은 열매가 떨어지는 것같이 땅에 떨어지며"(계 6:13).

이 종말의 때에 예수님이 다시 세상에 오십니다. 구름을 타고 능력과 큰 영광으로 오신다고 했습니다. 초림 때는 아무도 모르게 조용히 오셨습니다. 베들레헴의 한 마구간에서 태어나셨습니다. 하지만 재림의 때에는 만왕의 왕으로, 세상의 심판주로 당당히 오십니다. 그날은 믿는 자들에게는 영광의 날이지만, 믿지 않는 자들에게는 저주와 심판의 날입니다. 바울은 믿는 자들의 영광을 이렇게 기술하였습니다.

"주께서 호령과 천사장의 소리와 하나님의 나팔 소리로 친히 하늘로부터 강림하시리니 그리스도 안에서 죽은 자들이 먼저 일어나고 그 후에 우리 살아남은 자들도 그들과 함께 구름 속으로 끌어 올려 공중에서 주를 영접하게 하시리니 그리하여 우리가 항상 주와 함께 있으리라"(살전 4:16-17).

성전

성전은 하나님을 예배하기 위해 세운 건축물을 뜻하지만, 성경 특히 구약성경에서의 성전은 주로 예루살렘 성전을 가리킵니다. 예루살렘 성전은 이스라엘 백성들에게 있어서 모든 시대를 통해 그들의 종교 생활뿐 아니라 일상적인 생활의 중심이었습니다.

역사적으로 예루살렘에는 세 개의 성전이 있었습니다. 아브라함이 이삭을 대신해 숫양을 제물로 드렸던 모리아산에 세워진 솔로몬 성전, 스룹바벨 성전, 그리고 헤롯 대왕이 세운 헤롯 성전입니다. 솔로몬 성전은 다윗이 준비하여 그의 아들인 솔로몬이 주전 959년부터 7년에 걸친 공사 끝에 완공했습니다. 솔로몬은 성전이 완공된 후 일천 번제를 드리기도 했습니다. 그런데 이 성전은 안타깝게도 주전 586년 바벨론의 느부갓네살 왕에 의해 예루살렘 함락과 함께 무너졌습니다.

그 후 바벨론의 포로에서 예루살렘으로 귀환한 스룹바벨의 지도 아래 스룹바벨 성전이라 불리는 제2의 성전이 주전 515년에 재건되었습니다. 이 성전은 솔로몬 성전에 비해 규모가 작고 볼품도 없었으나, 그 당시 흩어진 유대인들에게는 꿈과 소망의 상징이었고 순례의 대상이었습니다. 그런데 이 성전도 주전 63년 속죄일에 로마의 폼페이우스에 의해 파괴되었습니다.

그 후 헤롯 대왕이 주전 29년에 파괴된 스룹바벨 성전을 재건하였습니다. 이 성전은 웅장하고 화려했으나 예수님의 예언대로 70년에 티투스가 이끄는 로마 군대에 의해 예루살렘 함락과 함께 불타 버렸습니다.

성경 전체를 통해 볼 때 성전의 근본적 개념은 '하나님의 임재'에 있습니다. 구약에서 성전의 개념은 주로 장소적이었습니다. 하지만 예수님은 예배의 장소보다는 예배의 방법을 강조하셨습니다. 예수님과 대화하던 사마리아 여인이 예수님께 이런 말을 했습니다.

> "우리 조상들은 이 산에서 예배하였는데 당신들의 말은 예배할 곳이 예루살렘에 있다 하더이다"(요 4:20).

여기서 '이 산'은 그리심산을 말합니다. 유대인들은 예루살렘에 세워진 성전에서 예배를 드렸고, 사마리아인들은 그리심산에 세워진 성전에서 예배를 드렸습니다. 유대인들은 같은 피를 나눈 사마리아인들을 철저히 무시하고 상종하지 않았습니다. 그들이 예루살렘 성전에 와서 예배드리는 것도 용인하지 않았습니다. 그래서 그들은 그리심산에 성전을 세우고 사마리아 오경을 편집하기도 했습니다.

사마리아 여인이 예수님에게 "우리 사마리아인들은 그리심산에서 예배하고, 유대인들은 예루살렘에서 예배한다"라고 말하였는데, 이는 자기가 회개하려면 어디에서 예배해야 하느냐고 묻는 것입니다. 사마리아 여인의 질문에 예수님은 이렇게 대답하셨습니다.

> "이 산에서도 말고 예루살렘에서도 말고 너희가 아버지께 예배할 때가 이르리라…하나님은 영이시니 예배하는 자가 영과 진리로 예배할지니라"(요 4:21, 24).

예수님이 강조하시는 것은 예배의 장소가 아니라 예배하는 방법입니다. 구약에서 성전은 장소를 가리켰으나, 신약에서는 예수 그리스도를 가리키고 성도들의 공동체를 가리킵니다.

유대인들은 유월절이 되면 예루살렘에 가서 예배를 드렸습니다. 예수님도 유월절이 되자 예루살렘으로 올라가셨습니다. 성전에 가보니 소와 양과 비둘기 파는 사람들과 환전하려는 사람들로 가득했습니다. 희생제물을 드리기 위해 온 사람들은 소와 양과 비둘기가 필요했고, 헬라 지역이나 소아시아 지역에서 온 유대인들 곧 디아스포라들에게는 환전이 필요했기에, 이때가 되면 성전에서는 장사꾼들이 문전성시를 이루곤 했던 것입니다. 예수님은 장사꾼들을 보시자 분노가 치밀어 올랐습니다. 그래서 채찍으로 그들을 쫓아내시며 이렇게 말씀하셨습니다.

"내 아버지의 집으로 장사하는 집을 만들지 말라"(요 2:16).

유대인들이 예수님께 물었습니다.

"네가 이런 일을 행하니 무슨 표적을 우리에게 보이겠느냐"(요 2:18).

이에 예수님이 대답하셨습니다.

"너희가 이 성전을 헐라 내가 사흘 동안에 일으키리라"(요 2:19).

예수님은 자신이 성전이요, 또 자신이 죽은 뒤 사흘 만에 부활할 것임을 말씀하신 것입니다.
바울은 성령이 임재해 계신 성도들의 공동체 및 개인을 성전이라고 했습니다.

"너희는 너희가 하나님의 성전인 것과 하나님의 성령이 너희 안에 계시는 것을 알지 못하느냐"(고전 3:16).

"너희 몸은 너희가 하나님께로부터 받은 바 너희 가운데 계신 성령의 전인 줄을 알지 못하느냐 너희는 너희 자신의 것이 아니라"(고전 6:19).

교회의 머리

'교회'(church)는 헬라어 '에클레시아'(ekklesia)에서 유래했습니다. 에클레시아는 원래 모임이라는 뜻으로, 모임이 이루어진 장소가 아니라 모임이 이루어진 것 자체를 가리키는 말입니다. 에클레시아라는 말은 어떤 모임에든지 적용되었으나, 고대 그리스에서는 시민들의 모임들을 가리켰습니다. 유대인들은 에클레시아를 '여호와의 총회' '하나님의 회' '하나님 백성의 총회' '성도의 모임' 등으로 불렀습니다.

"암몬 사람과 모압 사람은 여호와의 총회에 들어오지 못하리니"(신 23:3).

"온 백성의 어른 곧 이스라엘 모든 지파의 어른들은 하나님 백성의 총회에 섰고"(삿 20:2).

"할렐루야 새 노래로 여호와께 노래하며 성도의 모임 가운데에서 찬양할지어다"(시 149:1).

이스라엘 백성들은 하나님의 선택과 부르심을 받은 아브라함과 이삭과 야곱의 후손입니다. 그리고 '부름'(klesia)은 '교회'(ekklesia)와 같은 어근을 갖고 있습니다. 그러므로 교회는 '부르심을 받은 사람들'이라 할 수 있습니다. 믿는 우리는 하나님의 부르심과 택함을 받은 사람들로서 교회의 한 구성원이 되었습니다.

"내 어머니의 태로부터 나를 택정하시고 그의 은혜로 나를 부르신 이가"(갈 1:15).

"창세 전에 그리스도 안에서 우리를 택하사"(엡 1:4).

우리가 부르심을 받은 것 역시 하나님의 은혜임을 알 수 있습니다.
그런데 바울은 예수님을 가리켜 '교회의 머리'라고 했습니다.

"그는 몸인 교회의 머리시라 그가 근본이시요 죽은 자들 가운데서 먼저 나신 이시니 이는 친히 만물의 으뜸이 되려 하심이요"(골 1:18).

사람들은 '머리' 하면 대체로 육체의 한 부분으로서의 머리의 해

부학적 중요성을 연상하거나, 정부나 회사 등 어떤 조직의 지도자를 떠올립니다. 그러나 바울이 여기서 말하는 교회의 머리는 예수님이 교회의 지도자라든지, 교회에서 가장 높은 지위에 있다는 것이 아닙니다. 여기에는 두 가지 의미가 있습니다. 하나는 예수님이 교회의 시작이고 근원이 되신다는 것입니다. 예수님은 창조 전에 계셨고 창조의 근원이 되십니다.

> "만물이 그에게서 창조되되 하늘과 땅에서 보이는 것들과 보이지 않는 것들과 혹은 왕권들이나 주권들이나 통치자들이나 권세들이나 만물이 다 그로 말미암고 그를 위하여 창조되었고 또한 그가 만물보다 먼저 계시고 만물이 그 안에 함께 섰느니라"(골 1:16-17).

예수님은 또한 구원과 부활의 출발점이 되십니다. 인간은 아담의 범죄로 영원히 죽을 수밖에 없는 존재가 되었습니다. 이를 불쌍히 여기신 하나님께서 독생자를 세상에 보내셨습니다. 예수님은 하나님의 뜻에 따라 인간의 모든 죄를 짊어지고 십자가에서 죽으셨습니다. 우리가 받아야 할 하나님의 저주를 대신 받으신 것입니다. 이렇게 해서 예수님은 우리의 죄의 문제를 해결해 주셨습니다. 우리는 예수님을 믿기만 하면, 구주로 영접하기만 하면 구원을 받습니다.

> "우리는 그리스도 안에서 그의 은혜의 풍성함을 따라 그의 피로 말미암아 속량 곧 죄 사함을 받았느니라"(엡 1:7).

"너희는 그 은혜에 의하여 믿음으로 말미암아 구원을 받았으니 이것은 너희에게서 난 것이 아니요 하나님의 선물이라"(엡 2:8).

"너희가 알거니와 너희 조상이 물려 준 헛된 행실에서 대속함을 받은 것은…그리스도의 보배로운 피로 된 것이니라"(벧전 1:18-19).

우리는 예수 그리스도의 피로 구원받았고, 이것은 전적으로 하나님의 은혜입니다. 이는 우리가 예수님으로 인해 하나님의 부르심을 받아 교회 공동체의 일원이 되었음을 말해 줍니다. 이런 의미에서 예수님은 교회의 근원, 즉 교회의 머리가 되십니다.

예수님은 또한 교회의 유지와 성장의 원천이 되십니다. 고린도 교회는 신자들이 그리스도파, 바울파, 아볼로파로 나뉘어 분쟁이 일어났습니다. 이 소식을 들은 바울이 안타까운 심정으로 고린도 교회 성도들에게 편지를 보내 이렇게 말했습니다.

"나는 심었고 아볼로는 물을 주었으되 오직 하나님께서 자라나게 하셨나니 그런즉 심는 이나 물 주는 이는 아무것도 아니로되 오직 자라게 하시는 이는 하나님뿐이니라"(고전 3:6-7).

교회를 자라게 하는 이는 목사나 장로가 아니라 오직 하나님, 곧 예수님이라는 것입니다. 오늘날 교회를 세우고 크게 성장시킨 목사님들 중에는 이를 자랑하는 분들도 있는데, 이는 오만입니다. 예수님 없는 교회는 상상할 수 없고, 예수님의 능력에 힘입지 않은 교회 성장은 있을 수 없습니다. 이런 의미에서 예수님은 교회의 머리라 할 수 있습니다.

예수님은 또 교회의 중심이라는 점에서 교회의 머리가 되십니다. 바울은 예수님과 성도들의 관계를 몸과 지체로 비유합니다. 사람의 몸은 머리, 손, 발, 눈, 귀, 코, 입 등 여러 지체로 되어 있습니다. 그리고 각 지체는 서로 다른 기능을 하고 있고, 그 기능들은 경중없이 모두 귀중합니다. 각 지체가 그 기능을 잘 발휘해야 몸이 건강할 수 있습니다. 그러므로 눈이 손더러 "너는 내게 쓸데가 없다"라고 하거나, 머리가 발더러 "너는 내게 쓸데가 없다"라고 하지 못한다고 했습니다(고전 12:21).

몸이 여러 지체로 구성되어 서로 돌보고 고통과 기쁨을 함께하듯이, 하나님은 교회 중에도 여럿을 세우셨습니다. 곧 사도, 선지자, 교사, 치유와 섬김과 방언 등 각종 은사를 받은 사람들입니다. 교회가 선지자나 교사, 지금으로 하면 목사나 장로로만 구성되어 있다면 존속할 수 없을 것입니다.

사회가 정치인과 변호사로만 구성되어 있다면 상상만 해도 끔찍할 것입니다. 사회는 정치인과 법조인, 의사와 간호사, 교수와 교사, 기업인과 근로자, 기술자와 기능인, 군인과 경찰, 상인, 예술인, 미화원 등 다양하게 구성되어 있어야 건전하게 유지되고 발전할 수 있습니다.

교회도 마찬가지입니다. 교회가 여러 가지 유형의 은사를 받은 사람들로 구성되어 있을 때 조화롭게 유지되고 발전해 나갈 수 있는 것입니다.

모퉁잇돌

'모퉁잇돌'(corner stone) 또는 '머릿돌'은 건물의 기준이 되는 기초석을 가리킵니다. 하지만 성경에서 이 용어는 상징적 의미로 사용됩니다.

> "건축자가 버린 돌이 집 모퉁이의 머릿돌이 되었나니 이는 여호와께서 행하신 것이요 우리 눈에 기이한 바로다"(시 118:22-23).

여기서 '집 모퉁이의 머릿돌'은 예수 그리스도를 상징합니다.

이스라엘 백성들은 오랫동안 기다렸던 메시아 예수님이 오셨음에도 이를 알아보지 못하고, 건축가들이 쓸모없다고 돌을 버리듯이 예수님을 버렸습니다. 예수님을 십자가에 못 박도록 했습니다. 하지만 하나님은 예수님의 십자가를 통해 구원의 문을 활짝 여셨습니다. 사람들을 죄의 속박에서, 사탄의 속박에서, 율법의 속박에서 해방시키셨습니다.

이스라엘 백성들은 메시아가 나타나 로마의 압제에서 자기들을 자유케 하리라 믿었습니다. 하지만 하나님은 예수님의 십자가 죽음을 통해 그들을 자유케 하고자 하셨습니다. 하나님의 이러한 방법이 그들에게는 기이하게 보였습니다.

"주 여호와께서 이같이 이르시되 보라 내가 한 돌을 시온에 두어 기초를 삼았노니 곧 시험한 돌이요 귀하고 견고한 기촛돌이라 그것을 믿는 이는 다급하게 되지 아니하리로다"(사 28:16).

여기서 '기촛돌'은 물론 예수 그리스도를 상징합니다. 바울과 베드로도 예수님이 모퉁잇돌이 되심을 분명히 말씀했습니다.

"너희는 사도들과 선지자들의 터 위에 세우심을 입은 자라 그리스도 예수께서 친히 모퉁잇돌이 되셨느니라 그의 안에서 건물마다 서로 연결하여 주 안에서 성전이 되어 가고 너희도 성령 안에서 하나님이 거하실 처소가 되기 위하여 그리스도 예수 안에서 함께 지어져 가느니라"(엡 2:20-22).

"사람에게는 버린 바가 되었으나 하나님께는 택하심을 입은 보배로운 산 돌이신 예수께 나아가 너희도 산 돌같이 신령한 집으로 세워지고 예수 그리스도로 말미암아 하나님이 기쁘게 받으실 신령한 제사를 드릴 거룩한 제사장이 될지니라"(벧전 2:4-5).

바울은 에베소 교회 성도들에게 보낸 편지에서 "너희는 사도들과 선지자들의 터 위에 세우심을 입은 자라"라고 했습니다. 사도는 예수님의 권위를 위임받고 특별한 사명을 받은 자를 말합니다. 베드로를 비롯한 예수님의 열한 명의 제자, 가룟 유다를 대신한 맛디아, 그리고 예수님의 동생인 야고보와 바울이 바로 사도입니다. 그리고 여기서 선지자는 사도와 함께 하나님의 말씀을 다른 사람들에게 전하고 가르치는 교사를 가리킵니다.

교회가 사도들과 선지자들의 터 위에 서 있다는 것은 곧 교회가 그 사람들 위에 서 있다는 것이 아니라 말씀, 더 정확히 말하면 신약성경 위에 세워졌다는 것을 의미합니다. 신약성경은 교회의 터가 되는 문서입니다. 건물의 터를 한 번 놓으면 함부로 고칠 수 없듯이, 교회의 터가 되는 신약성경은 누구도 이를 수정하거나 첨삭할 수 없습니다.

바울은 에베소 교회 성도들에게 보낸 편지에서 그리스도께서 친히 모퉁잇돌이 되셨다고 했습니다. 모퉁잇돌은 건물에서 매우 중요합니다. 건물이 안정적으로 서 있도록 도와주고 유지시키기 때문입니다.

예루살렘 성전에는 거대한 모퉁잇돌이 있었는데, 그 길이가 약 12미터에 달했다고 합니다. 예수님은 친히 새 성전인 교회의 모퉁잇돌이 되셔서 이를 안전하게 유지해 주실 뿐 아니라, 그 구성원들을 하나의 연합체로 결합해 주십니다. 베드로는 각각의 성도는 '예수께 나아와 신령한 집으로 세워질 산 돌'이라고 했고, 바울은 성도들도 그 구조물에 끼워 넣는 돌들이라고 했습니다.

바울이 여기서 강조하는 것은 유대인 그리스도인들과 이방인 그리스도인들의 연합입니다. 예루살렘 성전은 본래 오로지 유대인들만을 위한 건축물로 이방인의 출입은 금지되었습니다. 하지만 이제는 이방인도 들어가도록 허용되었습니다. 그래서 바울이 예수 그리스도를 유대인과 이방인을 결합하는 열쇠라고 말하는 것입니다. 이런 의미에서 예수님은 교회의 모퉁잇돌이 되신다고 할 수 있습니다.

예수님의 본성

신학이란 학문에는 크게 네 분야가 있습니다. 성경신학, 역사신학, 조직신학, 실천신학입니다. 실천신학에는 목회학, 예배학, 선교학, 목회상담학, 기독교교육학, 기독교윤리학, 평신도신학 등이 있습니다. 조직신학은 신론, 기독론, 성령론, 구원론, 섭리론, 종말론 등을 다룹니다.

이 중 기독론은 예수가 누구냐, 다시 말하면 예수의 본성에 대해 연구하는 것이라 할 수 있습니다.

예수는 신(神)인가, 인간인가?

예수님이 하나님이냐, 아니면 사람이냐 하는 논쟁은 기독교 역사 초기부터 있었습니다. 대표적인 논쟁이 마리아 논쟁입니다. 교부들 사이에서 마리아가 하나님을 낳은 여자냐, 사람을 낳은 여자냐 하는 논쟁이 있었습니다. 그들은 논의 끝에 마리아를 그리스도를 낳은 여자로 보기로 했습니다. 예수님이 하나님인지 사람인지 결론을 내지 못한 것입니다. 그러다 제1차 니케아 공의회에서 예수님은 하나님인 동시에 인간이라는 결론에 이르렀습니다.

325년에 로마 제국의 콘스탄티누스 황제가 니케아 공의회를 소집했습니다. 이 공의회는 가이사랴의 유세비우스가 예루살렘 신조를 손질해 만든 신조를 공식적으로 채택했습니다. 그러면서 예수 그리스도의 신성과 인성의 결합을 '호모우시오스'(homousios, 同一本質性)로 표현했습니다. 이 공의회가 채택한 신조의 전문은 이렇습니다.

"우리가 홀로 하나이신 권능 천주 성부를 믿으며 그 모든 유형하고 무형한 만물을 창조하심을 믿나이다. 또 홀로 하나이신 주 예수 그리스도가 천주의 아들이심을 믿으며, 성부께 나신 독생자 곧 성부의 체(體)로 좇아 나신 자이심을 믿으며, 천주로 좇아 나신 바 천주이시요 빛으로 좇아 나신 바 빛이시요 참 천주로 좇아 나신 바 참 천주이시며, 낳으심을 받으시고 지으심을 받지 아니하사 성부로 더불어 일체이심을 믿으며, 천지에 있는 만물이 다 그를 인하여 이룸을 믿으며, 우리 세상 사람을 위하시며 우리를 구원하시기를 위하여 내려오시고 강림하사 사람 되심을 믿으며, 고난을 받으심을 믿으며, 사흘날에 다시 살아나심을 믿으며, 하늘에 오르심을 믿으며, 추후에 산 이와 죽은 이를 심판하러 오실 줄을 믿나이다."

니케아 신조는 니케아 공의회 이후 동방교회에서 정통 신조로 채택되었습니다. 서방교회인 가톨릭교회에서는 1014년 이후 채택되었습니다.

개신교에서는 이 니케아 신조를 일부 수정했습니다. 아래 내용이 주일예배 때마다 신자들이 함께 고백하는 사도신경입니다.

"전능하사 천지를 만드신 하나님 아버지를 내가 믿사오며,
그 외아들 우리 주 예수 그리스도를 믿사오니,
이는 성령으로 잉태하사 동정녀 마리아에게서 나시고,
본디오 빌라도에게 고난을 받으사, 십자가에 못 박혀 죽으시고
장사한 지 사흘 만에 죽은 자 가운데서 다시 살아나시며,
하늘에 오르사, 전능하신 하나님 우편에 앉아 계시다가,
저리로서 산 자와 죽은 자를 심판하러 오시리라.
성령을 믿사오며, 거룩한 공회와, 성도가 서로 교통하는 것과,
죄를 사하여 주시는 것과, 몸이 다시 사는 것과,
영원히 사는 것을 믿사옵나이다. 아멘."

예수님의 신성과 인성을 압축적으로 잘 표현하고 있습니다. 그러나 기독교 역사 초기부터 예수님의 신성을 부인하는 사람들이 있는가 하면, 예수님의 인성을 부인하는 사람들도 있습니다.

예수님의 신성을 부인하는 사람들

예수님의 신성을 부인하는 대표적인 사람들로 아리우스주의자들과 자유주의 신학자들이 있습니다.

아리우스주의자들은 예수 그리스도의 신성을 부인하면서 예수는 피조물 중에서 가장 완전한 인간이라고 했습니다. 이들은 325년 니케아 공의회에서 채택한 신조에 서명하기를 거부함으로써 교회에서 추방되고 이단으로 규정되었습니다. 하지만 콘스탄티누스 2세 때는 전 로마 지역을 지배할 만큼 세력을 펼쳤습니다. 그러다 아리우스주의자들 자체의 내부 분열과 361년 황제의 죽음으로 급속히 몰락했습니다. 381년 제2차 콘스탄티노플 공의회에서 니케아 신조를 재확인함으로써 재차 정죄되어 이 문제는 다시 대두되지 않았습니다.

자유주의 신학은 전통적인 기독교 신학에 반대하면서 인간의 주체적 사고와 활동을 적극적으로 지지하는 신학으로, 19세기 유럽 전역에 널리 퍼졌던 합리주의적이고 개인주의적인 자유주의 사상의 영향으로 형성된 신학 사상입니다. 대표적인 자유주의 신학자로는 슐라이어마허(Schleiermacher), 리츨(Ritschl), 하르낙(Harnack) 등이 있습니다.

이들은 기독교 해석의 궁극적 권위를 성경보다는 이성에 두고 있습니다. 따라서 인간의 이성에 합당하다고 생각하는 성경 말씀은 수용하되, 이성에 반한다고 생각하는 성경 말씀은 거부합니다. 다시 말하면, 하나님의 말씀으로서의 성경의 무오성(無誤性)을 부인합니다.

자유주의 신학자들은 계시를 인정하지 않습니다. '계시'의 문자적 의미는 '전에 감추어져 있었던 것에 대하여 베일을 벗기거나 폭로한다'는 뜻입니다. 계시에는 일반계시와 특별계시가 있습니다. 일반계시는 인간이 자연을 통해 막연하게나마 하나님의 존재를 알게 하는 것입니다. 사람들은 광활한 우주와 운행 법칙을 보면서 절대적 존재, 곧 하나님의 존재를 인식하곤 합니다. 천체물리학자 중에 신학을 공부한 사람이 적지 않은데, 그 이유가 여기에 있다고 봅니다.

다윗과 바울은 일반계시와 관련해 이렇게 노래합니다.

"하늘이 하나님의 영광을 선포하고 궁창이 그의 손으로 하신 일을 나타내는도다"(시 19:1).

"창세로부터 그의 보이지 아니하는 것들 곧 그의 영원하신 능력과 신성이 그가 만드신 만물에 분명히 보여 알려졌나니 그러므로 그들이 핑계하지 못할지니라"(롬 1:20).

웅장한 우주와 자연을 볼 때 하나님의 존재를 부인할 수 없다는 것입니다.

특별계시는 하나님의 말씀인 성경과 예수 그리스도를 통한 하나님의 자기계시를 말합니다. 우리는 성경을 통해 하나님의 창조성, 초월성, 영원성, 섭리성, 편재성 등을 알 수 있습니다. 하나님은 인간의 죄의 문제를 해결하기 위해 독생자 예수 그리스도를 이 땅에 보내 십자가에 달리게 하셨습니다. 예수님이 십자가에 달리심으로 우리 인간이 받아야 할 하나님의 저주와 심판을 대신 받으셨습니다. 하나님은 죄인인 우리를 사랑하시어 독생자까지도 아끼지 않고 우리를 위해 내어 주신 것입니다. 하나님은 예수 그리스도의 십자가 죽음을 통해 하나님의 공의와 사랑을 드러내 보이셨습니다.

예수 그리스도에 대한 자유주의 신학자들의 견해는 이렇습니다.

"그리스도는 하나님으로부터 충만된 사람이거나 하나님 앞에서 완전한 사람, 혹은 대표적 인물이다. 하나님은 하나님 앞에서 완전한 인간은 어떤 사람인가를 보여 줄 목적으로 영적 생애의 기질을 가지신 그리스도를 택하셨다."

심지어 어떤 자유주의 신학자는 예수님을 최초의 그리스도인이라 칭하였습니다. 이들은 예수님의 선재성과 동정녀 탄생, 성육신, 그리고 부활도 인정하지 않습니다. 그러면서 몸의 부활은 조잡한 물질적 개념에 불과하다고 했습니다. 또한 기독교에 대해서는 이렇게 주장합니다.

"기독교는 예수가 실천했던 종교, 곧 모든 사람의 종교적 혹은 영적인 이상(理想)이지, 예수에 관한 종교가 아니다. 기독교는 최선의 종교이거나 절대적인 종교가 아니라 서구 문화에 적합한 종교이며, 모든 종교가 공유할 수 있는 어떤 공통적인 요소에 대한 상이(上異)한 표현 방법이다."

이들의 주장을 결론적으로 말하면, 예수 그리스도는 특별한 사람이지만 성육신한 하나님은 아니며, 성경은 놀라운 종교 서적이지만 성령에 의해 영감된 무오(無誤)한 책은 아니라는 것입니다.

자유주의 신학 사상은 미국에서는 사회복음운동으로, 남미에서는 해방신학으로, 우리나라에서는 민중신학으로 발전되었습니다. 〈기독교사상〉이라는 잡지는 자유주의 신학을 대변하고 있습니다.

예수님의 인성을 부인하는 사람들

아리우스주의자들, 그리고 자유주의 신학자들과 이들을 추종하는 사람들은 예수님의 신성을 부인하는데, 반대로 예수님의 인성을 부인하는 사람들도 있습니다. 대표적인 사람들이 영지주의자들입니다.

영지주의는 2세기에 나타난 기독교의 이단적 종교 사상입니다. 영지주의자 중 대표적인 사람이 마르키온(Marcion)입니다. 마르키온은 플라톤의 이원론에 영향을 받아 물질과 정신, 인간의 몸과 영혼을 철저히 분리하였습니다. 그는 물질을 창조한 구약의 하나님을 더러운 신이라고 하면서, 예수 그리스도만 하나님으로 인정합니다. 또한 하나님이신 예수님이 더러운 몸을 입고 세상에 오셨다는 것은 있을 수 없는 일이라고 하면서 '가현설'(假顯說)을 주장했습니다. 신적인 존재인 예수 그리스도는 잠시 인간의 몸 안에 거했을 뿐, 본질적으로는 인간의 육신을 입지 않았다는 것입니다. 그러므로 예수님은 죽지 않았고, 부활도 있을 수 없다고 했습니다.

마르키온은 인간의 몸은 물질로 더러운 것이고 영혼만 깨끗하다고 하면서, 인간의 몸은 영혼을 가두는 감옥이라고 했습니다. 그러므로 그에게서 바울이 말하는 몸의 부활은 생각만 해도 끔찍한 일이었습니다. 몸이 부활한다는 것은 영혼을 몸에 다시 가두는 일이기 때문입니다.

영지주의는 3세기 페르시아의 마니교를 통해 발전했습니다. 인간의 영혼을 강조하는 스베덴보리를 비롯한 신비주의자들도 예수님의 인성을 인정하려 하지 않습니다.

참 하나님이신 예수

세례 요한, 사도들, 초대 교회 교부들이 예수님을 하나님의 아들로 증언하고, 예수님도 자신이 하나님의 아들임을 고백하고 있습니다. 심지어 마귀도 예수님이 하나님의 아들임을 인정합니다. 또한 예수님의 선재성, 영원성, 초월성과 예수님이 창조주가 되심을 증거합니다. 무엇보다도 예수님이 하나님의 독생자 되심을 하나님께서 확증하고 있습니다.

예수님이 어느 날 제자들에게 "사람들이 나를 누구라 하느냐"라고 물으신 다음 곧이어 "너희는 나를 누구라 하느냐" 하고 물으셨습니다. 그러자 베드로가 놀라운 신앙고백을 합니다.

"주는 그리스도시요 살아 계신 하나님의 아들이시니이다"(마 16:16).

예수님은 베드로의 고백에 흡족해하시면서 "이를 네게 알게 한 이는 혈육이 아니요 하늘에 계신 내 아버지시니라"(마 16:17)라고 하셨습니다. 베드로가 예수님이 하나님의 아들임을 알게 된 것은 인간의 이성이나 지식에 의한 것이 아니라 성령 하나님이 역사하셨기 때문이라는 말씀입니다.

나다나엘이 빌립의 권유로 예수님께 나아갔습니다. 그는 예수님과 짧은 대화를 나누고 나서 고백했습니다.

> "당신은 하나님의 아들이시요 당신은 이스라엘의 임금이로소이다"(요 1:49).

세례 요한은 자기에게 세례를 받으러 온 바리새인과 사두개인들을 향해 말했습니다.

> "나는 너희로 회개하게 하기 위하여 물로 세례를 베풀거니와 내 뒤에 오시는 이는 나보다 능력이 많으시니 나는 그의 신을 들기도 감당하지 못하겠노라 그는 성령과 불로 너희에게 세례를 베푸실 것이요 손에 키를 들고 자기의 타작마당을 정하게 하사 알곡은 모아 곳간에 들이고 쭉정이는 꺼지지 않는 불에 태우시리라"(마 3:11-12).

여기서 '내 뒤에 오시는 이'는 예수님을 가리키며, 그의 발언은 그분의 신성(神性)을 잘 증언하고 있습니다.

예수님은 날 때부터 맹인이 된 사람의 눈을 뜨게 하셨습니다. 땅에 침을 뱉어 진흙에 이겨 그의 눈에 바르시고 실로암 못에 가서 씻으라고 하셨습니다. 말씀대로 하니 그의 눈이 밝아졌습니다. 바리새인들이 그 맹인에게 "누가 네 눈을 뜨게 했느냐"라고 물었습니다. 그러자 그가 예수라 하는 사람이 자기 눈을 뜨게 했다고 말하며 이렇게 덧붙였습니다.

"이 사람이 하나님께로부터 오지 아니하였으면 아무 일도 할 수 없으리이다"(요 9:33).

예수님의 신성에 대한 고백이라 할 수 있습니다.
바울도 예수님의 신성을 증거하였습니다.

"성결의 영으로는 죽은 자들 가운데서 부활하사 능력으로 하나님의 아들로 선포되셨으니 곧 우리 주 예수 그리스도시니라"(롬 1:4).

마귀도 예수님이 하나님의 아들임을 알아보았습니다. 예수님은 공생애를 시작하기 전에 세례 요한에게서 세례를 받으시고, 광야로 가서 40일 동안 금식하셨습니다. 그때 마귀가 예수님을 시험했습니다.

"네가 만일 하나님의 아들이어든 명하여 이 돌들로 떡덩이가 되게 하라"(마 4:3).

예수님도 자신이 하나님의 아들이심을 스스로 증거하였습니다. 예수님은 하나님을 언제나 아버지라 부르셨습니다.

"내 아버지의 집으로 장사하는 집을 만들지 말라"(요 2:16).

"내 아버지여 만일 할 만하시거든 이 잔을 내게서 지나가게 하옵소서"(마 26:39).

예수님은 또한 자신의 신성을 증언하셨습니다. 나병 환자에게 손을 대시면서 이렇게 말씀하셨습니다.

"내가 원하노니 깨끗함을 받으라"(마 8:3).

여기서 '깨끗함'은 몸의 깨끗함뿐 아니라 죄에 대한 깨끗함을 뜻하기도 합니다. 인간의 죄를 사(赦)하실 분은 오직 하나님뿐입니다. 예수님은 예루살렘 성전에서 장사하는 사람들을 쫓아내면서 "내 집은 기도하는 집이라"(마 21:13)라고 말씀하셨습니다. 성전을 가리켜 '내 집'이라고 하셨다는 것은 자신이 바로 하나님이심을 증언하는 것입니다.

대제사장이 군병들에게 잡혀 온 예수님께 물었습니다.

"네가 하나님의 아들 그리스도인지 우리에게 말하라"(마 26:63).

이 물음에 예수님은 이렇게 대답하셨습니다.

"네가 말하였느니라 그러나 내가 너희에게 이르노니 이후에 인자가 권능의 우편에 앉아 있는 것과 하늘 구름을 타고 오는 것을 너희가 보리라"(마 26:64).

즉, 예수님의 신성과 재림을 증언하고 있습니다.
예수님은 바리새인들에게 이렇게 말씀하셨습니다.

"너희는 아래에서 났고 나는 위에서 났으며 너희는 이 세상에 속하였고 나는 이 세상에 속하지 아니하였느니라"(요 8:23).

이 또한 예수님의 신성에 대한 증언입니다.
사도 요한은 "태초에 말씀이 계시니라 이 말씀이 하나님과 함께 계셨으니 이 말씀은 곧 하나님이시니라"(요 1:1)라고 했습니다. 요한은 예수님을 '말씀'이라고 하였고, 그분의 선재성을 증언했습니다.
세례 요한도 예수님의 선재성을 증언하고 있습니다.

"내 뒤에 오는 사람이 있는데 나보다 앞선 것은 그가 나보다 먼저 계심이라 한 것이 이 사람을 가리킴이라"(요 1:30).

여기서 '내 뒤에 오는 사람'은 예수님을 가리킵니다. 세례 요한이 예수님보다 먼저 태어났습니다. 그럼에도 자기보다 예수님이 먼저 계셨다고 말하였습니다. 이는 태초부터 계셨다는 뜻으로 예수님의 선재성을 증언하는 것입니다.

바울도 골로새 교회에 보낸 편지에서 예수님의 신성을 증언합니다.

"그는 보이지 아니하는 하나님의 형상이시요 모든 피조물보다 먼저 나신 이시니"(골 1:15).

무엇보다 예수님 스스로 자신의 선재성을 증언하고 있습니다.

"모세를 믿었더라면 또 나를 믿었으리니 이는 그가 내게 대하여 기록하였음이라"(요 5:46).

모세는 예수님보다 약 1,500년 전에 살았던 사람입니다. 그런데 예수님은 모세가 자기에 대하여 기록하였다고 말씀합니다(모세오경 곧 창세기, 출애굽기, 레위기, 민수기, 신명기).

모세오경을 보면 예수님을 상징하는 인물이나 사건이 많이 있습니다. 멜기세덱은 예수님을 상징하는 인물이고, 이삭을 대신해 제물로 바쳐진 숫양, 유월절 어린양, 장대에 달린 놋뱀 등은 예수님의 대속적 죽음을 상징합니다. 그래서 예수님이 모세가 자기에 대해 기록하였다고 말씀하고 있는 것입니다.

"진실로 진실로 너희에게 이르노니 아브라함이 나기 전부터 내가 있느니라"(요 8:58).

또 예수님은 주전 2200년경에 살았던 아브라함보다 자신이 먼저 있었다고 말씀하고 있습니다.

사도 요한과 바울은 예수님이 창조주가 되심을 증언하고 있습니다.

"만물이 그로 말미암아 지은 바 되었으니 지은 것이 하나도 그가 없이는 된 것이 없느니라"(요 1:3).

여기서 '그'는 물론 예수님을 가리킵니다.

"만물이 그에게서 창조되되 하늘과 땅에서 보이는 것들과 보이지 않는 것들과 혹은 왕권들이나 주권들이나 통치자들이나 권세들이나 만물이 다 그로 말미암고 그를 위하여 창조되었고"(골 1:16).

예수님이 행하신 많은 이적이 예수님의 초월성을 증거합니다. 예수님은 나병 환자, 중풍병 환자 등 불치병 환자들을 치료해 주시고, 맹인의 눈을 뜨게 하시며, 걷지 못하는 자를 일으켜 세우셨습니다.

죽은 나사로와 야이로의 딸과 과부의 아들을 살리셨습니다. 귀신을 쫓아내 주시고, 떡 다섯 개와 물고기 두 마리로 오천 명을 배불리 먹이셨습니다. 혼인 잔치에서 포도주가 떨어지자 물을 포도주로 바꾸셨습니다. 성난 바다를 잠잠하게 하시고, 바다 위를 걸으셨습니다. 열매가 없는 무화과나무를 저주하자 그 나무가 말랐습니다. 이러한 이적들을 볼 때 예수님은 초월적 존재, 즉 하나님이심을 분명히 알 수 있습니다.

무엇보다 하나님이 예수님의 신성을 입증하셨습니다. 예수님이 세례 요한에게 세례를 받으시고 물에서 올라오시자 하늘로부터 소리가 들려왔습니다.

"이는 내 사랑하는 아들이요 내 기뻐하는 자라"(마 3:17).

순교한 교부들 중 대표적인 사람으로 폴리캅을 들 수 있습니다. 그는 서머나 교회의 감독으로 순교의 의미를 이렇게 말했습니다.

"쇠사슬은 하나님과 우리 주 예수 그리스도에 대해 참으로 선택된 사람들을 위한 면류관이다."

폴리캅이 잡혀 오자 관원은 그가 86세의 노인인 것을 알고는 죽이지 않고자 했습니다. 그래서 그에게 그리스도를 욕하면 살려 주겠다고 했습니다. 그러자 폴리캅이 대답했습니다.

"86년 동안 나는 그분의 종이었습니다. 그동안 그분은 나에게 아무런 잘못도 하지 않았습니다. 그런데 어떻게 내가 나를 구원하신 왕을 모욕할 수 있겠습니까?"

폴리캅은 결국 두 손이 뒤로 묶인 채 화형을 당했습니다. 그는 순교에 앞서 하늘을 바라보면서 기도했습니다.

"전능하신 주 하나님, 당신의 사랑하는 복된 아들 예수 그리스도의 아버지여, 우리가 그를 통하여 당신에 대한 지식을 알았습니다. 당신은 오늘 나로 하여금 순교자의 숫자에 포함되는 영광을 주셨습니다. 부요하고 받으실 만한 제물로 오늘 당신 앞에서, 순교자들 가운데서 나를 받아 주옵소서."

그런데 폴리캅이 장작불에도 타지 않자 결국 칼로 죽임을 당했다고 합니다. 폴리캅은 마지막 기도를 통해 예수님이 하나님의 아들이심을 고백했습니다.

참 인간이신 예수

사복음서(마태복음, 마가복음, 누가복음, 요한복음)는 예수님이 우리와 똑같은 인간임을 증언하고 있습니다. 예수님은 1세기의 한 유대인으로 히브리 문화와 종교적 유산에 많은 영향을 받았습니다. 예수님은 우리와 똑같이 배고픔과 목마름을 경험하셨습니다. "인자는 머리 둘 곳이 없다"(마 8:20)라는 말씀도 하셨습니다. 예수님이 얼마나 곤궁한 삶을 사셨는지 알 수 있습니다.

예수님은 사랑하는 사람을 잃은 이들의 슬픔을 공감하시고 위로해 주셨습니다. 나사로가 죽자 그의 누이인 마리아가 슬피 울었습니다. 그것을 보신 예수님은 비통히 여기시고 함께 눈물을 흘리셨습니다. 그리고 죽은 나사로를 살리셨습니다(요 11:33-44).

예수님이 나인이라는 성에 가셨을 때의 일입니다. 사람들이 한 죽은 자를 메고 나오는데, 그 뒤를 따르는 여인이 슬피 울고 있었습니다. 그 여인은 과부요, 죽은 자는 그녀의 외아들이었습니다. 예수님은 아들을 잃은 과부를 불쌍히 여기시어 울지 말라고 하시면서 관에 손을 대어 그 아들을 살리셨습니다(눅 7:11-15).

예수님은 제자인 가룟 유다의 배반으로 아픔을 겪기도 하셨습니다. 백성들로부터 거부당하는 고통도 겪으셨습니다. 예수님이 예루살렘에 입성하실 때 열렬히 환영했던 백성들도 돌변해 예수님을 십자가에 못 박으라고 외쳤습니다. 예수님은 십자가에 달리시기 전날 밤 겟세마네 동산에서 "내 아버지여 만일 할 만하시거든 이 잔을 내게서 지나가게 하옵소서"(마 26:39)라고 기도하셨습니다. 십자가형이 얼마나 끔찍한 형벌인지 알고 계셨기 때문입니다.

예수님은 십자가 처형 과정에서 온갖 고통과 모욕을 당하는 아픔을 겪으셨습니다. 예수님이 십자가 위에서 처음 하신 말씀은 "나의 하나님, 나의 하나님, 어찌하여 나를 버리셨나이까"(마 27:46)였습니다. 인간으로서의 고통을 하나님께 호소하는 말씀입니다. 예수님은 또한 "내가 목마르다"라고 하셨습니다. 인간으로서 말할 수 없는 고통에서 나온 말씀이었습니다.

이처럼 예수님은 하나님의 아들이지만 우리와 같은 인간이기도 했습니다. 하나님의 독생자인 예수님이 세상에 오신 가장 큰 목적은 영원히 죽을 수밖에 없는 죄인들을 구원하고 부활의 첫 열매가 되는 것이었습니다. 예수님은 우리의 죄를 속죄하기 위해 희생제물이 되셨습니다. 하나님이 희생제물이 되실 수는 없습니다. 하나님이 죽었다가 다시 사실 수는 없습니다. 그러므로 예수님은 사람이어야 했습니다. 그래서 하나님의 아들인 예수님이 육신을 입고 세상에 오신 것입니다.

초대 교회 교부 폴리캅은 예수님의 인성을 부인하는 사람들을 향해 이렇게 말했습니다.

"예수 그리스도가 육체적으로 오신 것을 시인하지 않는 사람은 모두 적그리스도다."

바울은 예수님이 참 하나님이요 참 인간임을 이렇게 증언합니다.

> "그의 아들에 관하여 말하면 육신으로는 다윗의 혈통에서 나셨고 성결의 영으로는 죽은 자들 가운데서 부활하사 능력으로 하나님의 아들로 선포되셨으니 곧 우리 주 예수 그리스도시니라"(롬 1:3-4).

> "그는 근본 하나님의 본체시나 하나님과 동등 됨을 취할 것으로 여기지 아니하시고 오히려 자기를 비워 종의 형체를 가지사 사람들과 같이 되셨고"(빌 2:6-7).

하나님과 예수님과 성령

하나님은 우주 만물을 창조하시고, 하나님의 독생자인 예수님은 인간의 몸을 입고 세상에 와서 우리의 죄의 문제를 해결해 주셨습니다.

예수님이 제자들에게 약속하신 대로 오순절 날 성령이 초대 교회 성도들에게 불같이 임했습니다. 성령은 하나님 앞에서 우리를 변호해 주시고, 우리를 가르쳐 성숙한 그리스도인으로 성장시켜 주십니다. 기독교에서는 하나님과 예수님과 성령을 각각 성부(聖父) 하나님, 성자(聖子) 하나님, 성령(聖靈) 하나님이라 부르기도 하고, 창조주(創造主) 하나님, 구속주(救贖主) 하나님, 성화주(聖化主) 하나님이라 부르기도 합니다.

하나님은 '무'(nihilo, 無)로부터 우주 만물을 창조하셨습니다. 무는 세상이 그것으로부터 창조된 최초의 물질이 아닙니다. 무로부터의 창조는 하나님만이 존재하는 모든 것의 근원임을 의미합니다. 하나님은 창조주이시고 우리는 피조물이라고 고백할 때, 우리는 자신이 유한하고 불확실하며 근본적으로 의존적인 존재라는 것을 인정하는 것이 됩니다. 그래서 칼뱅은 이렇게 말했습니다. "우리는 우리 자신의 것이 아니라 하나님께 속해 있다."

창조주 하나님께서는 목적을 가지고 계시며, 그에 따라서 창조된 세상 또한 역동적이며 목적을 가지고 있습니다. 또 하나님은 보존자로서 계속 활동하십니다. 피조물을 향한 하나님의 끊임없는 보살핌은 여러 성경 구절에서 잘 나타나고 있습니다.

> "이것들은 다 주께서 때를 따라 먹을 것을 주시기를 바라나이다 주께서 주신즉 그들이 받으며 주께서 손을 펴신즉 그들이 좋은 것으로 만족하다가 주께서 낯을 숨기신즉 그들이 떨고 주께서 그들의 호흡을 거두신즉 그들은 죽어 먼지로 돌아가나이다"(시 104:27-29).

하나님께서 인간의 생사화복을 주관하고 계신다는 고백입니다.

예수님은 우리에게 이웃을 사랑하되 원수까지도 사랑하라면서 이렇게 말씀하셨습니다.

> "이같이 한즉 하늘에 계신 너희 아버지의 아들이 되리니 이는 하나님이 그 해를 악인과 선인에게 비추시며 비를 의로운 자와 불의한 자에게 내려 주심이라"(마 5:45).

예수님은 무엇을 먹을까, 무엇을 입을까 걱정하는 사람들에게는 이렇게 말씀하셨습니다.

> "공중의 새를 보라 심지도 않고 거두지도 않고 창고에 모아들이지도 아니하되 너희 하늘 아버지께서 기르시나니 너희는 이것들보다 귀하지 아니하냐 너희 중에 누가 염려함으로 그 키를 한 자라도 더할 수 있겠느냐 또 너희가 어찌 의복을 위하여 염려하느냐 들의 백합화가 어떻게 자라는가 생각하여 보라 수고도 아니하고 길쌈도 아니하느니라 그러나 내가 너희에게 말하노니 솔로몬의 모든 영광으로도 입은 것이 이 꽃 하나만 같지 못하였느니라 오늘 있다가 내일 아궁이에 던져지는 들풀도 하나님이 이렇게 입히시거든 하물며 너희일까 보냐 믿음이 작은 자들아"(마 6:26-30).

하나님이 모든 생명을 돌보고 계심을 알 수 있습니다. 예수님은 또 이렇게 말씀하셨습니다.

> "너희에게는 머리털까지 다 세신 바 되었나니"(마 10:30).

하나님의 섭리에 대해 1563년의 하이델베르크 교리문답서는 이렇게 기술합니다.

> "전능하고 영원한 능력의 하나님께서 언제나 손으로 모든

피조물과 함께 하늘과 땅을 지키시고, 나뭇잎과 돌, 비와 가뭄, 부와 가난, 그리고 그 밖의 모든 것을 우연에 의해서가 아니라, 아버지와 같은 보살핌으로 우리에게 다가오는 그러한 방법으로 주관하신다."

그런데 하나님이 전능하시고 선하시다면 세상에 어떻게 악(惡)이 존재할 수 있는가 하는 의문이 들기도 합니다. 악은 크게 두 부류로 나눌 수 있습니다. 자연적인 악과 도덕적인 악입니다. 자연적인 악은 질병, 사고, 지진, 해일, 홍수, 화재 등으로 생기는 재해나 고통을 말합니다. 사람들은 젊은 나이에 치명적인 암에 걸리거나 사랑하는 가족을 사고로 잃었을 때 이렇게 하나님께 울부짖습니다. "열심히 신앙생활한 나에게 어찌하여 이런 고통을 주십니까?"

그러나 우리가 기억해야 할 것은, 인간은 다른 피조물들과 마찬가지로 유한한 존재로 자연의 법칙에 순응할 수밖에 없다는 사실입니다. 유한한 피조물인 인간은 평생 고통, 질병, 슬픔, 노화를 경험하다가 결국에는 죽을 수밖에 없는 존재입니다. 모세는 이와 관련해 이렇게 기도했습니다.

"우리의 연수가 칠십이요 강건하면 팔십이라도 그 연수의 자랑은 수고와 슬픔뿐이요 신속히 가니 우리가 날아가나이다"(시 90:10).

피조물의 삶은 무상(無常)하며, 시작과 끝이 있습니다. 그러므로 모든 피조물은 존재적으로 가지고 있는 한계가 있다는 측면에서, 신앙인은 위험에서 면죄되어야 한다는 주장은 이기적이고 잘못된 것입니다. 자연적인 악은 하나님의 뜻과는 전혀 관계가 없고, 본래적 악이라 할 수 없습니다.

도덕적인 악은 죄인인 인간이 서로에게서, 그리고 그들이 거하는 세상에서 입게 되는 고통을 말합니다. 사람들은 악한에 의해 가족이 죽임을 당하는 형언할 수 없는 고통을 경험하기도 하고, 사기를 당해 피를 토하는 고통을 겪기도 합니다. 그리고 무도한 국가권력에 의해 많은 사람이 억울한 죽임을 당하거나 고통을 겪기도 합니다.

캄보디아의 독재자 폴 포트의 크메르 루즈 정권은 '농경 유토피아 건설'을 내세우면서 당시 캄보디아 전체 인구의 4분의 1인 200만 명을 학살했습니다. 이 끔찍한 학살을 '킬링필드'(Killing Fields, 죽음의 들판)라 부릅니다. 중국의 마오쩌둥은 '문화대혁명'이라는 미명 아래 수백만 명을 죽음으로 몰아넣었고, 이로 인해 수천만 명이 고통을 당했습니다. 소련의 스탈린은 개인 농장 제도를 집단 농장 제도로 전환하면서 천만여 명의 농민을 희생시켰습니다.

또 나치에 의해 유대인 600만 명이 학살당했습니다. 아우슈비츠 죽음의 수용소에서 일어난 사건입니다. 어린 소년이 수용소 규칙을 사소하게 위반했다는 이유로 모든 수용자 앞에서 교수형에 처해졌습니다. 그의 몸이 줄에 매달렸을 때 《나이트》(Night)라는 책을 쓴 엘리 위젤은 누군가가 이렇게 묻는 것을 들었습니다.

"하나님은 지금 어디에 계시는가?"

그리고 곧이어 위젤의 마음속에 "그가 어디에 있느냐고? 그는 바로 여기, 이 교수대에 매달려 계신다"라는 소리가 들려왔습니다. 하나님이 그 소년과 유대인들의 고통에 함께하신다는 것입니다.

위젤은 고통은 많은 차원을 가지고 있다고 하면서, 고통은 육체적인 고통뿐 아니라 사회적인 거부와 자기 증오를 포함하며, 무엇보다 고통은 하나님을 잠시 동안 부재(不在)의 모습으로 나타나게 한다고 했습니다.

악은 실제적이고 매우 강력하기에 악에 눌려 고통당하는 사람들은 다음 시편 기자처럼 질문하게 됩니다.

"여호와여 어느 때까지니이까 나를 영원히 잊으시나이까 주의 얼굴을 나에게서 어느 때까지 숨기시겠나이까"(시 13:1).

이 시편은 다윗이 자기를 죽이려는 사울 왕에게 쫓기며 하나님께 호소하는 내용입니다. 하지만 우리가 기억할 것은, 모든 악은 하나님의 뜻이 결코 아니라는 사실입니다. 성 어거스틴은 말하기를 "모든 악의 사건들은 하나님에 의한 것이 아니라 피조물이 자신들의 자유를 잘못 사용하는 데서 비롯된 것이다"라고 했습니다. 그럼에도 하나님은 이러한 사건들이 일어나는 것을 허락하시며, 그것들을 통해 하나님의 목적을 이루어 나가신다고 했습니다.

칼뱅은 "모든 사건은 하나님의 은밀한 계획에 의하여 통치되고, 그 무엇도 하나님에 의해 기꺼이 정해지지 않는 것은 없다"라고 했습니다. 그러면서 하나님은 헤아릴 수 없는 지혜로 모든 것을 인도하시며, 자신의 목적 속에 그 모든 것을 둔다고 했습니다.

어거스틴과 칼뱅의 의견을 종합해 볼 때, 우리는 악은 확실히 하나님의 통치 아래 있다고 확신할 수 있습니다. 이것은 신앙생활에 여러 가지 유익을 가져다줍니다. 하나님의 이러한 섭리를 받아들일 때 모든 역경은 우리에게 겸손을 가르쳐 주고 감사하도록 하며, 우리는 모든 불안과 근심으로부터 자유롭게 됩니다.

예수님은 이 땅에서 하나님나라를 선포하고, 하나님나라의 복음을 전하셨습니다. 예수님이 공생애를 시작하시면서 제일 먼저 하신 말씀이 무엇입니까? "회개하라 천국이 가까이 왔느니라"(마 4:17)입니다.

예수님은 겨자씨 비유를 비롯한 13개 비유 이야기를 통해 사람들이 하나님나라를 쉽게 이해하도록 하셨습니다. 예수님은 갈릴리 지역에서 주로 활동하셨는데, 이는 중요한 의미를 갖고 있습니다. 이 사실은 복음이 지배계층에 있는 사람들보다는 사회에서 소외받는 사람들, 유대인들보다는 이방인들에게 전파될 것임을 암시하고 있습니다. 유대의 유명한 역사가인 요세푸스에 의하면, 갈릴리 사람들은 개혁적이면서 거칠고 용맹했습니다. 따라서 이 지역은 복음을 위한 훌륭한 모판(母板)이 될 수 있었습니다.

예수님은 영원히 죽을 수밖에 없는 우리 죄인들을 구원하기 위해 십자가에서 죽으셨습니다. 구원에는 세 가지 개념이 포함되어 있는데, 구속(救贖), 칭의(稱義), 그리고 화해(和解)입니다. 구속은 상업적 용어로 '도로 사 오다'라는 뜻입니다. 사람들은 죄의식과 율법과 사탄에 얽매여 살았습니다. 그런데 예수님이 그 보배로운 피로 그 값을 지불하고 우리를 죄의 종, 율법의 종, 사탄의 종에서 자유케 하셨습니다.

하나님은 인간을 당신의 '하나님의 형상'(image of God, imago Dei)대로 창조하셨습니다. 하나님의 형상이 무엇이냐에 대해 신학자들 사이에 여러 견해가 있습니다. 첫째로 인간은 육체적으로 하나님을 닮았다는 견해, 둘째로 하나님의 형상이란 이성의 능력을 의미한다는 견해, 셋째로 인간은 피조물에 대하여 힘과 지배력을 행사하는 면에서 하나님을 닮았다는 견해, 넷째로 하나님의 형상이란 자유의지를 의미한다는 견해, 다섯째로 하나님의 형상이라는 상징은 하나님 그리고 다른 피조물과 관계하는 인간의 삶을 묘사한다는 견해입니다.

다섯 가지 견해 중에서 가장 다수가 지지하는 견해는 자유의지를 의미한다는 것입니다. 하나님은 자유의지를 지닌 인간을 창조하셨습니다. 그런데 인간은 타락함으로써 하나님의 형상 곧 자유의지를 상실해 죄와 율법과 사탄의 종으로 살게 되었습니다. 하지만 예수님이 대속의 피를 흘리심으로 우리를 자유케 하셨습니다. 바울은 선언하기를 "내가 내 몸에 예수의 흔적을 지니고 있노라"(갈 6:17)라고 했습니다. 상실된 하나님의 형상, 상실된 자유의지를 회복했다는 선언이었습니다. 그러면서 우리에게 권면합니다.

"그리스도께서 우리를 자유롭게 하려고 자유를 주셨으니 그러므로 굳건하게 서서 다시는 종의 멍에를 메지 말라"(갈 5:1).

우리가 예수님을 구주로 영접하고 믿으면 하나님은 우리를 의롭다고 하시며, 아무도 우리를 정죄할 수 없습니다.

예수님이 십자가에서 운명하시자 성소 휘장이 위로부터 아래까지 찢어져 둘이 되었습니다(마 27:51). 예수님은 인간의 타락으로 인해 하나님과 인간 사이를 가로막고 있는 담을 허무셨습니다. 이렇게 해서 우리는 하나님 앞에 담대히 나아갈 수 있게 되었습니다.

성령은 하나님의 제3의 위격(位格)으로 하나님의 영, 진리의 영, 보혜사(예수님은 성령을 가리켜 '또 다른 보혜사'라고 하셨음)로 부르기도 합니다.

동방교회(그리스정교회 및 러시아정교회)에서는 성령은 오로지 성부 하나님으로부터 온다고 주장합니다. 하지만 서방교회(가톨릭교회 및 개신교)에서는 성경에 근거해 성령은 성부와 성자에게서 온다고 말합니다.

> "진리의 성령이 오시면 그가 너희를 모든 진리 가운데로 인도하시리니 그가 스스로 말하지 않고 오직 들은 것을 말하며 장래 일을 너희에게 알리시리라 그가 내 영광을 나타내리니 내 것을 가지고 너희에게 알리시겠음이라 무릇 아버지께 있는 것은 다 내 것이라 그러므로 내가 말하기를 그가 내 것을 가지고 너희에게 알리시리라"
> (요 16:13-15).

"너희가 아들이므로 하나님이 그 아들의 영을 우리 마음 가운데 보내사 아빠 아버지라 부르게 하셨느니라"(갈 4:6).

"만일 너희 속에 하나님의 영이 거하시면 너희가 육신에 있지 아니하고 영에 있나니 누구든지 그리스도의 영이 없으면 그리스도의 사람이 아니라"(롬 8:9).

니케아 신조에서도 성령은 아버지와 '그리고 아들로부터' 온다고 규정하고 있습니다.

성령은 예수님, 그리고 그 사역과 밀접히 연관되어 있습니다. 다시 말하면 예수님과 성령은 상호의존적이라 할 수 있습니다. 예수님은 성령에 의해 잉태되었고(마 1:20), 예수님이 세례 요한으로부터 세례를 받으실 때 성령이 내려와 예수님 위에 머물렀습니다(요 1:32). 예수님은 사역을 위해 성령에 의해 기름 부음을 받았습니다.

"주의 성령이 내게 임하셨으니 이는 가난한 자에게 복음을 전하게 하시려고 내게 기름을 부으시고 나를 보내사 포로 된 자에게 자유를, 눈먼 자에게 다시 보게 함을 전파하며 눌린 자를 자유롭게 하고 주의 은혜의 해를 전파하게 하려 하심이라 하였더라"(눅 4:18-19).

예수님은 성령의 능력으로 마귀의 세력을 쫓으시고(마 12:28), 성령에 의해 죽은 자들 가운데서 다시 살아나셨습니다.

"성결의 영으로는 죽은 자들 가운데서 부활하사"(롬 1:4).

다른 한편으로 성령은 우리에게 그리스도의 마음이 무엇인지 가르쳐 주고(고전 2:16), 하나님의 사랑을 우리의 마음에 부어 주며(롬 5:5), 그리스도 안에서 우리의 새 삶에 능력을 주십니다(롬 8:11). 또 성령은 우리를 거듭나게 도와주며(요 3:5-7), 진리로 인도해 줍니다(요 16:13). 나아가 성령은 우리 안에 거하고 우리와 교통하면서 성령의 열매를 맺게 합니다.

"오직 성령의 열매는 사랑과 희락과 화평과 오래 참음과 자비와 양선과 충성과 온유와 절제니 이 같은 것을 금지할 법이 없느니라"(갈 5:22-23).

성령은 우리를 그리스도와 연합시킬 뿐 아니라, 우리 서로 간에도 연합되게 합니다. 다시 말하면 유대인이나 헬라인, 종이나 자유인, 남자나 여자 모두 그리스도 예수 안에서 하나가 되게 합니다(갈 3:28). 성령은 이처럼 우리를 자기중심적인 개인이 아니라 공동체 안에 있는 사람으로 재형성시켜 줍니다.

성령은 또 우리에게 다양한 은사를 베풀어 교회가 바로 서도록 합니다.

"어떤 사람에게는 성령으로 말미암아 지혜의 말씀을, 어떤 사람에게는 같은 성령을 따라 지식의 말씀을, 다른 사람에게는 같은 성령으로 믿음을, 어떤 사람에게는 한 성령으로 병 고치는 은사를, 어떤 사람에게는 능력 행함을, 어떤 사람에게는 예언함을, 어떤 사람에게는 영들 분별함을, 다른 사람에게는 각종 방언 말함을, 어떤 사람에게는 방언들 통역함을 주시나니 이 모든 일은 같은 한 성령이 행하사 그의 뜻대로 각 사람에게 나누어 주시는 것이니라"(고전 12:8-11).

결국 성령은 예수님이 승천하신 후 예수님의 대언자로서 예수 안에서 보인 진리를 깨닫게 하고, 예수님의 사역을 인계해 우리로 영원히 그 진리 안에 살게 하는 역할을 합니다.

하나님의 존재를 아버지와 아들과 성령의 삼위(三位)로 명확하게 정의한 사람은 테르툴리아누스(Tertullianus)입니다. 테르툴리아누스는 카르타고의 이교도 집안에서 출생하였으나 기독교로 개종해 교부가 되었습니다. 그는 《호교론》 등 많은 책을 집필했고, 성경과 교회의 전통을 근거로 영지주의와 이원론을 비판하기도 했습니다. 그래서 그를 '라틴 신학의 아버지'라 부르기도 합니다.

그러나 과거 하나님과 예수 그리스도와 성령의 상호관계에 대해 여러 가지 견해가 있었습니다. 크게는 네 가지인데, 곧 삼신론, 종속론, 양태론 그리고 삼위일체론입니다.

삼신론(三神論, tritheism)은 하나님과 예수님과 성령이 각각 서로 다른 신이라는 견해입니다. 이는 인간인 예수님이 하나님의 양자가 됨으로써 하나님이 되었다는 양자론(養子論)과 연관되어 있습니다. 그러나 기독교는 유일신 종교이지, 다신(多神) 종교가 아닙니다.

종속론(從屬論, Subordinationism)은 성자와 성령이 성부에 종속된다는 견해입니다. 이는 성자와 성령의 인격을 부인하는 것으로 잘못된 견해라 할 수 있습니다.

양태론(樣態論, modalism)은 하나님은 한 분이지만 나타나는 것이 다르다는 견해입니다.

그러나 두 차례의 공의회를 통해 이러한 주장들은 모두 배척되고 삼위일체(三位一體, trinity) 교리가 확립되었습니다. 니케아 공의회(325)에서는 예수 그리스도가 하나님과 동등한 관계임을 인정하였고, 콘스탄티노플 공의회(381)에서는 성령까지도 성부와 성자처럼 예배의 대상임을 밝힘으로써 삼위일체 교리를 확립시켰습니다.

> "하나님은 본질에서는 하나이나, 세 개의 품격으로 구별된다"(콘스탄티노플 선언).

삼위일체 교리는 한마디로 정의하면 이렇습니다.

"성경에 계시된 하나님은 성부와 성자와 성령의 세 위격(位格)을 가지며, 그 각각은 동일한 본질을 공유하되 하나의 실체(實體)로서 존재한다."

삼위일체의 이러한 교리는 물론 성경에 근거하고 있습니다. 구약

성경을 보면 삼위일체를 암시하는 말씀들이 있습니다.

"하나님의 영은 수면 위에 운행하시니라"(창 1:2).

"하나님이 이르시되 우리의 형상을 따라 우리의 모양대로 우리가 사람을 만들고"(창 1:26).

"자, 우리가 내려가서 거기서 그들의 언어를 혼잡하게 하여"(창 11:7).

이 구절들에서 하나님은 '나의 형상'이라 하지 않고 '우리의 형상'이라 말씀하셨고, '나가 아니라 '우리'라고 말씀하셨습니다. '우리'는 성부와 성자와 성령을 암시하고 있다고 보아야 합니다.

신약성경에서도 하나님은 한 분으로 선포되어 있고, 삼위의 동등성이 언급되고 있습니다.

"그 중보자는 한 편만 위한 자가 아니나 하나님은 한 분이시니라"(갈 3:20).

"그러므로 너희는 가서 모든 민족을 제자로 삼아 아버지와 아들과 성령의 이름으로 세례를 베풀고"(마 28:19).

"주 예수 그리스도의 은혜와 하나님의 사랑과 성령의 교통하심이 너희 무리와 함께 있을지어다"(고후 13:13).

삼위의 역할에 대해, 성부는 구원을 계획했고, 성자는 이를 성취했으며, 성령은 구원받은 자들을 성숙하게 하는 것이라 할 수 있습니다. 그리고 삼위의 활동 시기와 관련해 구약 시대는 성부 시대, 그리스도의 지상 활동 시기는 성자 시대, 오순절 이후는 성령 시대로 구분하기도 합니다. 그러나 이것은 엄격한 의미의 구분은 아닙니다. 삼위의 활동은 동시적이며, 그 활동은 어느 시대에서든 볼 수 있기 때문입니다. 오순절 이후에도 하나님과 예수님은 계속 역사하고 계십니다.

나는 생명의 떡이다

성경에는 예수님의 자기 정의(定義)가 많이 나옵니다. 예수님은 성경에서 우리에게 자기 자신을 이렇게 소개하십니다.

"나는 생명의 떡이다."
"나는 세상의 빛이다."
"나는 양의 문이다."
"나는 선한 목자다."
"나는 부활이요 생명이다."
"나는 길이요 진리요 생명이다."
"나는 참 포도나무다."

여기서는 생명의 떡에 대하여 살펴보겠습니다.

"나는 생명의 떡이니 내게 오는 자는 결코 주리지 아니할 터이요 나를 믿는 자는 영원히 목마르지 아니하리라"(요 6:35).

예수님 자신이 생명의 양식이라는 선포입니다. 이 말씀은 예수님이 생명의 본질로서 우리에게 생명을 주시는 분이요, 생명을 유지시켜 주시는 분이라는 뜻입니다.

현대는 농업기술의 발달로 먹거리가 매우 다양하고 풍성합니다. 하지만 이러한 풍요 속에서도 빈곤한 사람이 많이 있습니다. 우리는 텔레비전을 통해 제대로 먹지 못해 뼈와 가죽만 앙상하게 남아 있는 아프리카 어린이들의 모습을 종종 볼 수 있습니다.

예수님 당시에도 먹을 양식이 부족했던 사람들이 적지 않았던 것 같습니다. 예수님이 이곳저곳을 다니면서 하나님나라를 선포할 때 많은 사람이 따랐습니다. 이들 중에는 먹는 문제를 해결하고자 따라다닌 사람들도 있었습니다. 예수님이 떡 다섯 개와 물고기 두 마리로 5,000명을 먹인, 소위 오병이어의 기적 이야기를 듣고 찾아온 사람들이었던 것 같습니다. 이들은 모세가 40년 동안 만나로 자기 조상들을 먹였던 것같이, 예수님이 자기들에게 계속해서 먹을 것을 주면 메시아로 인정하겠다고 했습니다.

예수님은 그들의 조상들에게 만나를 준 이는 모세가 아니라 여호와 하나님이라고 하면서, 하나님이 주시는 것은 생명을 주는 참 양식이라고 했습니다.

"모세가 너희에게 하늘로부터 떡을 준 것이 아니라 내 아버지께서 너희에게 하늘로부터 참 떡을 주시나니"(요 6:32).

그러자 이들은 그런 떡을 항상 달라고 간청했습니다. 이들이 원한 것은 여전히 육신을 위한 떡이었습니다. 이에 예수님은 자기가 생명의 떡이라고 하셨습니다.

"내가 곧 생명의 떡이니라 너희 조상들은 광야에서 만나를 먹었어도 죽었거니와 이는 하늘에서 내려오는 떡이니 사람으로 하여금 먹고 죽지 아니하게 하는 것이니라"(요 6:48-50).

예수님이 자기가 하늘에서 내려온 떡이라고 하자 사람들이 수군거렸습니다. 이들 중에는 예수님의 가족에 대해 잘 알고 있는 사람도 있었습니다. 예수님은 이들에게 수군거리지 말라고 하시면서 자신이 생명의 떡임을 다시 강조하셨습니다. 그러면서 이렇게 덧붙이셨습니다.

"인자의 살을 먹지 아니하고 인자의 피를 마시지 아니하면 너희 속에 생명이 없느니라"(요 6:53).

이 말을 듣고 유대인들은 자기들을 식인종으로 생각하느냐면서 다투었습니다. 이는 성인(聖人)이 손가락으로 달을 가리키자 사람들이 달은 보지 않고 손가락만 쳐다보는 것과 같습니다. 그들은 예수님의 말씀 너머에 있는 의미를 깨닫지 못한 것입니다. 예수님은 영적인 양식을 이야기하셨는데, 그들은 육적인 양식으로 오해했습니다.

성경은 여러 곳에서 예수님이 양식이 되심을 말씀합니다. 이스라엘 백성들은 애굽에서 탈출하기에 앞서 유월절 어린양의 고기를 먹었습니다. 고기뿐 아니라 머리와 정강이와 내장까지도 구워 먹었습니다. 이는 힘든 순례 여행에 대비해 힘을 비축하기 위해서였습니다. 유월절 어린양은 바로 예수 그리스도를 상징합니다.

이스라엘 백성들이 홍해를 건너 광야에 이르렀습니다. 광야에는 먹을 것이 없었고, 애굽에서 가져온 비상 양식도 바닥이 났습니다. 그러자 하나님은 매일 아침 이슬이 마른 곳에 만나를 내려 주셨습니다. 그들은 약속의 땅인 가나안에 들어갈 때까지 하나님이 주시는 만나를 먹었습니다. 이 만나 역시 예수 그리스도를 상징합니다.

하나님이 에스겔 선지자를 부르시고 이렇게 말씀하셨습니다.

"내가 네게 주는 이 두루마리를 네 배에 넣으며 네 창자에 채우라"(겔 3:3).

에스겔이 그 두루마리를 먹으니 달기가 꿀과 같았습니다. 시편 기자와 예레미야 선지자도 말씀의 달콤함을 노래하고 있습니다.

"주의 말씀의 맛이 내게 어찌 그리 단지요 내 입에 꿀보다 더 다니이다"(시 119:103).

"내가 주의 말씀을 얻어 먹었사오니 주의 말씀은 내게 기쁨과 내 마음의 즐거움이오나"(렘 15:16).

에스겔서에서 말하는 두루마리는 말씀을 의미합니다. 고대 중동 지역에서는 파피루스와 양피지에 글을 써서 둘둘 말았습니다. 그러므로 에스겔 선지자가 받아먹었던 두루마리는 하나님의 말씀을 상징하고, 예수 그리스도를 상징합니다.

사도 요한은 "말씀이 육신이 되어 우리 가운데 거하였다"(요 1:1)라고 했습니다. 말씀이 곧 예수님이요, 예수님이 곧 말씀이라는 말입니다. "내가 곧 생명의 떡이다"라는 예수님의 말씀과 상통합니다.

하나님은 아담을 흙으로 빚으신 후 그 코에 생기를 불어넣어 주셨습니다. 이렇게 해서 인간은 다른 피조물과 달리 영을 갖고 있는 영적 존재가 되었습니다.

우리의 육신이 살아가려면 매일매일 음식을 섭취해야 합니다. 마찬가지로 우리의 영이 살려면 영의 양식을 먹어야 합니다. 신명기 8장 3절에서는 "사람이 떡으로만 살 것이 아니요, 하나님의 입에서 나오는 모든 말씀으로 살아야 한다"라고 했습니다. 말씀 곧 예수님은 우리가 먹어야 할 영적 양식입니다.

사람이 배가 고프면 먹을 것 외에는 아무것도 생각나지 않습니다. 힘이 없고 기쁨도 없습니다. 영적으로 배고픈 사람도 마찬가지입니다. 영력(靈力)이 없고 영혼의 기쁨도 없습니다. 영적으로 굶주린 사람은 내면의 허무함을 느낍니다. 삶의 의욕을 상실하고 좌절하기도 합니다. 예수님은 이런 사람들에게 영적 양식을 먹여 주십니다.

하지만 이 양식은 예수님을 찾아오는 사람에게만 주십니다. 예수님이 강제로 먹여 주시지는 않습니다. 사람이 일주일 동안 아무것도 먹지 않으면 죽습니다. 영혼도 마찬가지입니다. 오랫동안 말씀을 받아먹지 않으면 그 영혼은 죽고 맙니다. 어떤 사람의 영혼이 살아 있는지 죽었는지를 판단하는 방법은 매우 간단합니다. 죽은 사람은 배고픔을 느끼지 못합니다. 마찬가지로 영적인 배고픔을 전혀 느끼지 못하는 사람, 말씀에 대한 갈급함이 전혀 없는 사람은 그 영혼이 이미 죽었다고 보아야 합니다.

말씀을 받아먹을 때 우리는 영원히 살 수 있습니다. 예수님은 말씀하시기를 "만나를 먹은 이스라엘 백성들은 결국 죽었지만, 생명의 떡을 먹는 자는 영원히 산다"라고 하셨습니다. 왜 그렇습니까? 말씀이 되시는 예수님의 살과 피에는 생명이 있기 때문입니다.

말씀을 받아먹을 때 우리는 세상에서 승리의 삶을 살 수 있습니다. 이스라엘 백성들은 가나안에 들어가기 전 40년 동안 만나를 먹고 살았습니다. 우리 역시 주님이 예비하신 영원한 집에 들어가기까지 순례 여행을 해야 합니다. 하지만 그 여행은 이스라엘 백성들의 광야 생활처럼 순탄하지 않습니다. 탄탄대로만 있는 것이 아닙니다. 험한 고갯길도 있고, 자갈길도 있습니다. 또 사탄이 끊임없이 우리를 공격합니다. 반대로 달콤한 말로 유혹할 때도 있습니다. 달콤한 유혹이 더 무섭습니다. 터키 사탕은 아주 달다고 합니다. 그런데 그 속에는 독이 있어 지속적으로 먹으면 서서히 죽어 간다고 합니다. 사탄의 말에도 우리의 영혼을 서서히 죽이는 무서운 독이 들어 있습니다.

사탄인 뱀이 하와에게 다가와 달콤한 말로 속삭였습니다.

> "너희가 그것을 먹는 날에는 너희 눈이 밝아져 하나님과 같이 되어 선악을 알 줄 하나님이 아심이니라"(창 3:5).

하와가 뱀의 말을 듣고 선악과를 보니 먹음직도 하고, 보암직도 하고, 지혜롭게 할 만큼 탐스럽기도 했습니다(창 3:6). 하와는 결국 남편인 아담과 함께 금단의 열매를 먹고 말았습니다.

사탄은 하나님의 아들인 예수님마저도 달콤한 말로 유혹했습니다.

> "만일 내게 엎드려 경배하면 이 모든 것을 네게 주리라"(마 4:9).

예수님은 천하만국과 그 영광을 주겠다는 사탄의 이러한 유혹을 말씀으로 물리치셨습니다.

> "네 하나님 여호와를 경외하며 그를 섬기며 그의 이름으로 맹세할 것이니라"(신 6:13).

옛날의 병사들은 전쟁터에 나갈 때 반드시 무장을 했습니다. 화살을 막을 수 있는 갑옷을 입고, 머리에는 투구를 썼습니다. 적을 공격하기 위해 칼을 허리에 찼습니다. 바울은 에베소 교회에 보낸 편지에서 영적 싸움에서 승리하기 위해 전신 갑주를 입고 성령의 검을 가지라고 했습니다(엡 6:10-17). 여기서 '성령의 검'은 말씀을 의미합니다. 병사에게 검이 없으면 전장에서 쉽게 죽을 수 있습니다. 우리 역시 말씀으로 무장하지 않으면 사탄과의 싸움에서 패할 수밖에 없습니다. 순례 여행 중에 사탄에 패한 사람은 하나님나라에 들어갈 수 없습니다.

우리가 말씀을 받아먹을 때 영혼이 잘되고 모든 것이 형통한다고 했습니다. 하나님은 이사야 선지자를 통해 이렇게 말씀하셨습니다.

"내게 듣고 들을지어다 그리하면 너희가 좋은 것을 먹을 것이며 너희 자신들이 기름진 것으로 즐거움을 얻으리라"(사 55:2).

"이는 비와 눈이 하늘로부터 내려서 그리로 되돌아가지 아니하고 땅을 적셔서 소출이 나게 하며 싹이 나게 하여 파종하는 자에게는 종자를 주며 먹는 자에게는 양식을 줌과 같이 내 입에서 나가는 말도 이와 같이 헛되이 내게로 되돌아오지 아니하고 나의 기뻐하는 뜻을 이루며 내가 보낸 일에 형통함이니라"(사 55:10-11).

요한3서 1장 2절을 보면 "사랑하는 자여 네 영혼이 잘됨같이 네가 범사에 잘되고 강건하기를 내가 간구하노라"라고 했습니다. 영혼이 잘된 사람은 소망을 갖고 살아갑니다. 늘 감사하며 기쁨이 넘칩니다. 그러니 모든 일이 형통하고 육신이 강건해질 수밖에 없는 것입니다.

그러므로 말씀을 받아먹는 것만이 영원히 사는 길이요, 모든 일이 형통할 수 있는 길입니다. 우리가 음식을 먹을 때 나름의 규칙이 있듯이, 생명의 양식을 받아먹는 데도 규칙이 있습니다.

첫째, 날마다 규칙적으로 받아먹어야 합니다. 육신이 건강해지는 비결은 정량을 규칙적으로 먹는 것입니다. 만나도 매일 일정량을 내려 주셨습니다. 말씀도 마찬가지입니다. 이를테면 1년 중 한 달 동안 성경 66권을 통독하고 나머지 11개월은 말씀 읽기를 쉬는 것보다, 매일 꾸준히 몇 구절씩 읽는 것이 영적 건강에 더 좋습니다.

둘째, 말씀은 이른 아침에 읽는 것이 바람직합니다. 하나님은 만나를 이른 새벽에 내려 주셨습니다. 아침 해가 떠올라 뜨겁게 내리쬐면 만나는 다 없어졌습니다. 성경 말씀도 이른 아침에 읽을 때 이슬 같은 은혜가 됩니다.

셋째, 겸손한 자세로 말씀을 받아먹어야 합니다. 만나는 식탁 위에 내리지 않았습니다. 땅 위에 내렸습니다. 그것을 얻으려면 몸을 구부려야 했습니다. 말씀을 읽을 때든 들을 때든 늘 겸손한 마음으로 읽고 들어야 합니다. 간혹 목사의 설교를 비판하면서 여기저기 교회를 옮겨 다니는 성도들이 있습니다. 또한 성경 말씀을 자기 입맛에 맞게 취사선택하거나 변형시켜 읽는 사람들도 있습니다. 이 모든 것은 교만에서 오는 것입니다.

넷째, 말씀을 읽을 때 천천히 묵상하면서 읽어야 합니다. 빠른 속도로 읽으면 말씀의 깊은 맛을 알 수 없기 때문입니다. 한 병에 수백만 원 하는 비싼 와인도 단숨에 마셔 버리면 그 맛을 제대로 알 수 없습니다. 말씀도 마찬가지입니다. 말씀을 음미하면서 꼼꼼히 읽을 때 하나님의 음성을 들을 수 있습니다.

칼 바르트는 하나님의 말씀을 둘로 나누고 있습니다. 하나는 소문자의 'words'이고, 다른 하나는 대문자의 'Words'입니다. 'words'는 성경에 기록된 말씀이고, 'Words'는 나에게 지금 주시는 말씀입니다. 그러면서 성경에 기록된 말씀도 중요하지만, 이보다 더 중요한 것은 지금 나에게 주시는 말씀이라고 했습니다.

글씨가 잘 보이지 않고, 귀도 잘 들리지 않는 할머니가 있었습니다. 할머니는 궁리 끝에 매일 성경책을 가지고 인근에 있는 대학교의 벤치에 가서 앉았습니다. 그러고는 지나가는 학생을 불러 성경책을 읽어 달라고 부탁했습니다. 대부분의 학생이 그 부탁을 들어주었습니다. 할머니는 그날 읽을 성경 구절을 목사님과 상의해 결정했습니다.

부탁받은 학생들은 또박또박 성경책을 읽어 드렸습니다. 할머니는 귀가 어두우니 더 큰 소리로 읽어 달라고 했습니다. 그 옆을 지나가던 학생들도 자연스레 성경 말씀을 듣게 되었습니다. 놀랍게도 이들 중 예수님을 믿는 학생들도 생겨났습니다. 덕분에 할머니는 날마다 말씀을 읽게 되었고, 또 이로 인해 많은 젊은 영혼이 구원받는 놀라운 역사가 일어났습니다.

하나님의 말씀이 생명의 양식임에도 이스라엘 백성들은 말씀을 들으려 하지 않았습니다. 말씀을 받아먹으려 하지 않았습니다. 하나님은 이러한 백성들을 향해 안타까운 심정을 이렇게 호소하셨습니다.

"너희가 어찌하여 양식이 아닌 것을 위하여 은을 달아 주며 배부르게 하지 못할 것을 위하여 수고하느냐"(사 55:2).

어찌 육신을 위한 양식에만 관심을 두고 있느냐는 말씀입니다.

"양식이 없어 주림이 아니며 물이 없어 갈함이 아니요 여호와의 말씀을 듣지 못한 기갈이라"(암 8:11).

말씀에 귀를 막고 있는 백성들에 대한 안타까운 심정이 잘 묻어나고 있습니다.

사도 요한은 말씀에 관하여 이렇게 말합니다.

"하나님께 속한 자는 하나님의 말씀을 듣나니 너희가 듣지 아니함은 하나님께 속하지 아니하였음이로다"(요 8:47).

우리가 하나님의 자녀라면, 그리고 무엇보다 우리의 영혼이 살려면 매일매일 말씀을 읽고 묵상해야 합니다.

나는 세상의 빛이다

어느 날 서기관들과 바리새인들이 음행 중 잡힌 여인을 예수님 앞에 끌고 와서 물었습니다. "율법에 의하면 이러한 여자는 돌로 쳐 죽이라고 했는데, 선생은 어떻게 말하겠습니까?"(요 8:5).

이에 예수님이 "너희 중에 죄 없는 자가 먼저 돌로 치라"(요 8:7)라고 하셨습니다. 예수님의 말씀을 들은 사람들이 양심의 가책을 느껴 하나둘씩 그 자리를 떠나고 결국 그 여인만 남았습니다. 예수님이 여인에게 말씀하셨습니다.

"나도 너를 정죄하지 아니하노니 가서 다시는 죄를 범하지 말라"
(요 8:11).

이 말씀은 사죄의 선포였습니다. 예수님이 공의로 심판하신다면 이 여인은 물론 그 누구도 주님 앞에 설 수 없습니다. 그러나 예수님은 이 여인을 불쌍히 여기시어 사면해 주셨습니다. 이는 놀라운 은혜입니다.

예수님이 죄인을 사면해 줄 수 있는 것은, 예수님이 친히 나무에 달려 인간이 받아야 할 하나님의 저주를 대신 받으시고 죄의 문제를 담당하셨기 때문입니다. 그래서 바울도 이렇게 선언하였습니다.

"그러므로 이제 그리스도 예수 안에 있는 자에게는 결코 정죄함이 없나니"(롬 8:1).

예수님은 그 여인을 용서해 주시면서 "다시는 죄를 범하지 말라"라고 하셨습니다. '내가 너를 죄의 종에서 해방시켜 주었으니 다시는 종의 멍에를 메지 말라'라는 뜻입니다. 이 사건 후 예수님이 말씀하셨습니다.

"나는 세상의 빛이니 나를 따르는 자는 어둠에 다니지 아니하고 생명의 빛을 얻으리라"(요 8:12).

예수님의 이 엄청난 선포에 바리새인들이 비판적으로 반응하리라는 것은 충분히 예상할 수 있습니다. 그들은 자신이 세상의 빛이라는 예수님의 말씀에 반박하면서, "당신이 당신을 위해 증언하니 당신의 이 말은 참되지 않다"라고 했습니다.

그러나 예수님의 이 선포는 우주적인 중요성을 띠고 있습니다. 빛은 구약에서 많은 것을 상징합니다. 하나님은 이스라엘 백성들이 광야길을 가는 동안 밤에는 불기둥으로 인도하셨습니다. 이사야 선지자는 하나님께서 여호와의 종, 즉 세상에 오실 메시아인 예수님을 이방의 빛으로 삼아 구원을 베풀어 땅끝까지 이르게 할 것이라고 했습니다(사 49:6).

예수님은 자신의 선포에 대해 네 가지로 변호하셨습니다.

첫째, 예수님은 자신의 사명에 근거해 변호하고 있습니다. 예수님은 하나님 아버지로부터 세상에 보내심을 받았으며, 하나님 아버지를 위해 일하십니다. 그리고 그 사명의 절정이 바로 십자가 죽음입니다.

둘째, 예수님은 자기와 함께하시는 하나님 아버지의 임재에 직접 호소하고 있습니다.

> "내가 혼자 있는 것이 아니요 나를 보내신 이가 나와 함께 계심이라"(요 8:16).

이 말은 예수님의 삶의 근원이 바로 자신과 하나님 아버지의 관계임을 말씀합니다. 이보다 더 강력한 주장은 없을 것입니다. 예수님이 하나님과 연관되어 있다는 것은, 자신의 가르침과 판단이 곧 하나님의 가르침이요 판단이라는 뜻입니다. 예수님의 이러한 주장은 우리에게 결단을 요구합니다. 이것을 받아들이고 믿느냐, 아니면 거부하고 믿지 않느냐 둘 중 하나입니다.

셋째, 예수님은 자신의 신적 기원에 호소하고 있습니다.

"나는 이 세상에 속하지 아니하였느니라"(요 8:23).

예수님은 자신이 하늘로부터 온 사람이라는 관점에서 '나는 세상의 빛이다'라고 말씀하신 것입니다.

넷째, 예수님 자신이 장차 들어 올려질 것에 호소하고 있습니다. 예수님의 높아지심은 그분의 가르침이 정당하다는 것을 입증해 줄 것입니다.

"너희가 인자를 든 후에 내가 그인 줄을 알고 또 내가 스스로 아무것도 하지 아니하고 오직 아버지께서 가르치신 대로 이런 것을 말하는 줄도 알리라"(요 8:28).

예수님은 '나는 세상의 빛이다'라는 자신의 선포에 반박하는 바리새인들의 특징을 다섯 가지로 말씀합니다.

첫째, 그들은 예수님의 사명, 특히 십자가의 사명에 대해 무지합니다.

둘째, 그들은 단지 인간적인 기준에 의해서만 판단합니다.

"너희는 육체를 따라 판단하나 나는 아무도 판단하지 아니하노라"(요 8:15).

셋째, 그들은 예수님의 인격에 대해 알지 못합니다. 따라서 하나님의 인격에 대해서도 알지 못합니다.

"너희는 나를 알지 못하고 내 아버지도 알지 못하는도다"(요 8:19).

넷째, 그들은 하나님을 모르기 때문에 장차 예수님이 죽은 다음에 가시는 곳으로 갈 수 없습니다.

"내가 가는 곳에는 너희가 오지 못하리라"(요 8:21).

다섯째, 그들은 예수님과는 달리 이 세상에 속해 있습니다.

"너희는 이 세상에 속하였고 나는 이 세상에 속하지 아니하였느니라"(요 8:23).

예수님은 바리새인들의 강한 반격에도 "나는 세상의 빛이다"라고 단언하고 있습니다. 빛은 우리에게 잠시라도 없어서는 안 되는 소중한 것으로서 여러 가지 역할을 합니다.

첫째, 빛은 생명의 원천입니다. 하나님은 제일 먼저 빛을 창조하셨습니다. "빛이 있으라 하시니 빛이 있었다"라고 했습니다(창 1:3). 천체 물리학자들에 의하면 우주의 역사는 150억 년 정도 된다고 합니다. 우주 탄생의 기원에 대해 빅뱅(Big Bang) 이론이 있는데, 이에 따르면

원자보다 더 작은 입자가 대폭발하면서 셀 수 없이 많은 별(우주에는 약 3천만 개의 은하가 있고, 한 은하계에는 태양과 같은 별이 약 3천만 개 있다고 합니다)이 탄생했다고 합니다. 그리고 우주는 계속 팽창하면서 지금도 새로운 별들이 탄생하고 있습니다. 이로 볼 때 빅뱅 이론이 하나님의 천지창조를 뒷받침하고 있다고 할 수 있을 것입니다.

우주가 하나의 거대한 생명체라면, 빛이 바로 그 원천이라 할 수 있습니다. 빛이 없었다면 우주도, 우리가 살고 있는 지구도 존재하지 않았을 것입니다. 또한 지구상의 모든 생명체는 태양으로부터 적절한 빛을 받기 때문에 살아갈 수 있습니다. 태양이 하루라도 빛을 비추어 주지 않으면 생명체는 모두 죽고 말 것입니다. 이처럼 빛은 모든 생명의 근원이요, 지탱해 주는 원천입니다.

예수님은 하나님 아버지와 함께 생명의 원천인 빛을 창조하셨습니다.

"만물이 그에게서 창조되되"(골 1:16).

또한 예수님은 십자가에서 흘리신 피로 우리를 정결케 하심으로 우리에게 영원히 살 수 있는 길을 열어 주셨습니다. 이런 면에서 예수님은 세상의 빛이 되십니다.

둘째, 빛은 어두움을 드러냅니다. 빛이 없으면 어두움은 드러나지 않습니다. 나쁜 행실이나 죄도 드러나지 않습니다. 그래서 사람들의 범죄와 타락이 주로 밤에 일어나는 것입니다. 인터넷의 자유게시판이나 토론방에 들어가 보면, 다른 사람을 비방하고 모욕하거나 입에 담지 못할 욕설을 퍼붓는 사례가 많이 있습니다. 이로 인해 말할 수 없는 정신적 고통을 받거나, 심지어 모욕감을 이기지 못하고 스스로 목숨을 끊는 사람도 있습니다. 인터넷상에서 이러한 행태가 벌어지는 것은 자신의 정체가 드러나지 않기 때문입니다.

그런데 빛이 세상에 옴으로 어두움이 드러났습니다. 인간의 죄성이 드러났습니다. 예수님은 이 땅에 와서 인간의 죄를 대신 뒤집어쓰고 십자가에서 죽으셨습니다. 십자가형은 인간이 고안해 낸 형벌 중 가장 끔찍한 것입니다. 그래서 로마 제국에서는 반란을 일으킨 사람만 십자가형에 처했습니다. 예수님이 십자가형을 당했다는 것은 우리의 죄가 얼마나 큰지를 보여 준 것이라고 할 수 있습니다. 이런 면에서 예수님은 세상의 빛이 되십니다.

셋째, 빛은 풍성한 열매를 맺게 합니다. 과일나무는 태양의 빛을 받지 못하면 열매를 맺지 못합니다. 또한 일조량에 따라 당분의 정도가 달라집니다. 그래서 같은 지역에서 생산되는 포도주라고 같은 것이 아닙니다. 어느 해에 생산된 것이냐에 따라 가격에 차이가 있습니다. 가을 날씨가 좋았던 해의 사과 맛과 좋지 않았던 해의 사과 맛은 전혀 다릅니다. 우리도 마찬가지입니다. 주님이 언제나 내 안에 거하실 때 풍성한 성령의 열매를 맺을 수 있습니다.

넷째, 빛은 차가운 것을 따뜻하게 녹입니다. 예수님은 이 땅 위에 따스한 빛을 비추어 사람들의 언 마음을 녹여 주셨습니다. 예수님은 공생애 동안 사회에서 소외당하고 있던 힘없는 사람들과 함께하셨습니다. 사람들로부터 철저히 외면당하던 창녀들을 위로해 주시고, 세리와 함께 음식을 먹으며 교제하셨습니다. 사람들이 가까이하지 않는 나병 환자들의 손을 잡아 주고 치유해 주셨습니다. 사람들을 질병과 귀신의 고통으로부터 해방시켜 주시고 소망을 주셨습니다.

빛은 반사하는 성질이 있습니다. 달은 태양의 빛을 받아 우리에게 비추어 줍니다. 마찬가지로 예수님의 빛을 받았다면 이제 그 사람도 새로운 빛이요, 작은 빛입니다. 그래서 예수님은 말씀하시기를 "너희는 세상의 빛이라"(마 5:14)라고 하셨습니다. 우리는 세상의 빛이기에 그리스도의 빛을 비추어 어두움을 몰아내고, 또 세상을 따뜻하게 해야 합니다. 예수님이 우리를 빛의 사람으로 나아오게 하신 것은 우리를 통해 세상을 밝히시기 위함입니다. 하나님이 우리를 구원해 주신 것은 우리를 통해 더 많은 사람이 구원받기를 바라시기 때문입니다.

예수님의 빛을 받은 우리는 차가운 세상을 따뜻한 세상으로 만들어 가야 합니다. 세상에는 굶주린 사람, 헐벗은 사람, 소외된 사람 등 우리의 손길을 기다리는 사람이 많이 있습니다. 그들을 외면해서는 안 됩니다. 그럼에도 힘없는 사람들을 괴롭히고 착취하는 사람들이 있습니다. 예수님은 이러한 사람들을 비판하시고 이들과 싸우셨습니다.

오리를 이용해 물고기를 잡는 어부의 이야기입니다. 여러 마리의 오리가 모두 줄로 연결되어 있고, 오리의 목은 굵은 밧줄로 감겨 있습니다. 오리는 물 속으로 잠수해 열심히 고기를 잡아 올립니다. 고기를 잡은 오리는 고기를 삼키려고 애를 쓰지만, 목에 줄이 감겨 있어 고기를 삼킬 수가 없습니다. 어부는 줄을 잡아당겨 오리 입에 있는 물고기를 바구니에 담습니다. 오리들은 열심히 고기를 잡지만 번번이 어부에게 빼앗깁니다.

우리가 예수님의 빛을 받은 하나님의 자녀라면 이와 같은 어부가 되어서는 안 됩니다. 우리는 예수님의 빛을 세상에 반사해 어려운 사람들에게 사랑의 손길을 내밀어야 합니다. 예수님은 말씀하시기를 "내가 주릴 때에 너희가 먹을 것을 주었고 목마를 때에 마시게 하였고 나그네 되었을 때에 영접하였고 헐벗었을 때에 옷을 입혔고 병들었을 때에 돌보았고 옥에 갇혔을 때에 와서 보았느니라"(마 25:35-36)라고 하면서, "너희가 여기 내 형제 중에 지극히 작은 자 하나에게 한 것이 곧 내게 한 것이니라"(마 25:40)라고 하셨습니다. 어려운 형제에게 한 선한 행위가 곧 예수님께 한 것이라는 뜻입니다.

바울은 "네 원수가 주리거든 먹이고 목마르거든 마시게 하라"(롬 12:20)라고 했습니다.

예수님은 제자들에게 새 계명을 주면서 이렇게 말씀하셨습니다.

> "서로 사랑하라 내가 너희를 사랑한 것같이 너희도 서로 사랑하라 너희가 서로 사랑하면 이로써 모든 사람이 너희가 내 제자인 줄 알리라"(요 13:34-35).

예수님의 빛을 받아 서로 사랑함으로써 차가운 세상을 따뜻하게 녹이라는 말씀입니다.

나는 양의 문이다

예수님은 자신을 양의 문으로 소개하셨습니다.

구약성경을 보면 하나님과 인간의 관계를 목자와 양의 관계로 비유하기도 합니다. 다윗은 하나님과 자신의 관계를 이렇게 노래하고 있습니다.

"여호와는 나의 목자시니 내게 부족함이 없으리로다 그가 나를 푸른 풀밭에 누이시며 쉴 만한 물가로 인도하시는도다"(시 23:1-2).

시편 기자도 하나님이 목자이심을 노래하였습니다.

"여호와가 우리 하나님이신 줄 너희는 알지어다 그는 우리를 지으신 이요 우리는 그의 것이니 그의 백성이요 그의 기르시는 양이로다"(시 100:3).

이사야 선지자는 하나님과 이스라엘 백성들의 관계를 목자와 양으로 비유하고 있습니다.

"그는 목자같이 양 떼를 먹이시며 어린양을 그 팔로 모아 품에 안으시며 젖 먹이는 암컷들을 온순히 인도하시리로다"(사 40:11).

하나님이 목자라면 그분의 아들인 예수님도 당연히 목자이십니다. 그래서 예수님도 자신을 '양의 문', '선한 목자'로 소개하고 있습니다.

양은 우리 안에 있을 때 안전합니다. 목자가 양들을 보호하고 지켜 주기 때문입니다. 우리는 목자 되시는 예수님 안에 있을 때 안전한 삶을 살 수 있습니다. 예수님이 말씀하십니다.

"내가 문이니 누구든지 나로 말미암아 들어가면 구원을 받고 또는 들어가며 나오며 꼴을 얻으리라"(요 10:9).

문으로 들어간 사람이 얻는 복은 두 가지입니다. 하나는 구원을 받는 것이요, 다른 하나는 부족함이 없는 삶을 누릴 수 있다는 것입니다. 예수님은 구원에 이르는 문입니다.

시편 118편 20절을 보면 "이는 여호와의 문이라 의인들이 그리로 들어가리로다"라고 했습니다. 여기서 의인은 '의로운 사람'이라는 뜻이 아니라, '의인'(義認) 즉 하나님으로부터 의롭다고 인정받은 사람을 말합니다. 예수님 외에 세상에 의인(義人)은 하나도 없기 때문입니다. 그러므로 하나님으로부터 의롭다고 인정받은 사람만 여호와의 문으로 들어갈 수 있습니다.

바울은 말하기를 "하나님께서 경건하지 아니한 자를 의롭다 하신다"(롬 4:5)라고 했습니다. 이 말은 많은 사람에게 충격을 주었습니다. '어떻게 공의의 하나님이 불의한 자를 의롭다고 선언할 수 있는가'라는 의문을 갖게 하기 때문입니다.

하나님이 죄인을 의롭다 하시는 것은, 악인을 선하다고 선언하는 것이나 그들이 죄인이 아니라는 뜻이 아닙니다. 그들의 불의에 대한 징벌을 아들인 예수 그리스도께서 담당하셨기 때문에 죄인들이 불의로 인한 징벌에서 벗어났다는 선언입니다.

그러나 우리가 여기서 유의할 점이 있는데, 우리를 대신해 십자가에 달려 죽으신 예수님을 구주로 믿고 영접할 때만 우리가 의롭다 함을 받을 수 있다는 것입니다. 이것이 바로 바울이 말하는 이신칭의(以信稱義)의 원리입니다. 즉, 믿음으로 의롭게 된다는 것입니다.

마태복음 22장에 혼인 잔치 비유 이야기가 있습니다. 어떤 임금이 그의 종들을 잔치 초청자들에게 보냈습니다. 요즘은 대략 한 달 전에 결혼 청첩장을 보내지만, 예수님 당시에는 1년 전에 초청장을 보냈습니다. 그리고 결혼이 임박해서는 종들을 그들에게 보내 정중히 모셔 오도록 했습니다. 임금의 초청을 받아 왕자의 혼인 잔치에 참여한다는 것은 큰 자랑거리라 할 수 있습니다. 그럼에도 그들은 영광된 혼인 잔치에 오기를 싫어했습니다.

당시의 관습에 의하면, 초청을 수락한 후 혼인 잔치에 오지 않는 것은 주인에 대한 모욕이었습니다. 그들은 임금의 징계를 받아 마땅했습니다. 하지만 이 임금은 그렇게 하지 않았습니다. 자기 종들이 혹 무례해서 오지 않았나 생각하고 잘 훈련된 종들을 다시 보내 정중히 초대했습니다. 어떤 사람들은 먹고사는 문제, 세상적인 문제에만 관심이 있을 뿐, 임금의 혼인 잔치에는 전혀 관심이 없었습니다. 또 다른 사람들은 혼인 잔치에 모시고 가려는 임금의 종들을 잡아 모욕하고 죽이기까지 했습니다. 이는 임금의 초청에 대한 적극적인 거부요, 임금에 대한 도전이었습니다. 임금은 크게 진노해 군대를 보내 그들을 진멸했습니다.

초청받은 사람들의 거절로 혼인 잔치가 더는 이루어질 수 없는 상황이 되었습니다. 그러나 임금은 혼인 잔치를 포기하지 않았습니다. 종들에게 이르기를 "네거리 길에 가서 사람을 만나는 대로 혼인 잔치에 청하여 오라"(마 22:9)고 했습니다. 이들은 왕자의 혼인 잔치에 들어갈 자격이 없는 자들이었습니다. 이들 중에는 불량배, 노숙인, 범죄자, 강도나 살인을 저지른 흉악범들도 있었을 것입니다. 임금은 그런 자들도 데려오라고 했습니다. 혼인 잔치에 사람들을 가득 채우고 싶었기 때문입니다. 이는 하나님나라의 문, 양의 문은 누구에게나 열려 있다는 것을 뜻합니다.

그런데 혼인 잔치에 참여하기 위해서는 한 가지 조건이 있었습니다. 혼인 예복을 입는 것입니다. 물론 혼인 예복도 임금이 직접 준비해 놓았습니다. 자기가 입고 있는 옷을 벗고 예복으로 갈아입기만

하면 되는 상황이었습니다. 그럼에도 한 사람이 혼인 예복을 입지 않고 들어왔습니다. 그는 자기가 입은 옷이면 충분하다고 생각했을 지도 모릅니다. 임금이 그에게 물었습니다.

"친구여, 어찌하여 예복을 입지 않고 여기에 들어왔는가?"

이는 단순한 질문이 아니라 질책하는 말이었습니다. 그는 아무 말도 하지 못했습니다. 이에 임금은 그의 손발을 묶어 바깥 어두운 데에 내던지라고 했습니다. 이것이 무엇을 의미합니까? 자기의 의, 자기의 행위로는 천국에 들어갈 수 없다는 것입니다.

임금이 준비한 혼인 예복은 깨끗한 것이었습니다. 우리가 천국에 들어가려면, 양의 문으로 들어가려면 죄에서 깨끗하고 의롭게 되어야 합니다. 하지만 우리는 아무리 애를 써도 의롭게 될 수 없습니다. 우리가 죄 사함을 받고 의롭게 될 수 있는 방법은 오로지 십자가에서 우리를 대신해 피를 흘리신 예수님을 믿는 것뿐입니다.

임금이 사람들에게 혼인 예복을 입혀 줌으로써 그들이 잔치에 참여해 즐길 수 있었듯이, 하나님이 우리에게 그리스도의 옷을 덧입혀 주심으로 우리가 하나님나라의 축제에 참여할 수 있게 되었습니다. 이사야 선지자는 이것을 이렇게 말합니다.

"내가 여호와로 말미암아 크게 기뻐하며 내 영혼이 나의 하나님으로 말미암아 즐거워하리니 이는 그가 구원의 옷을 내게 입히시며 공의의 겉옷을 내게 더하심이 신랑이 사모를 쓰며 신부가 자기 보석으로 단장함 같게 하셨음이라"(사 61:10).

하지만 하나님나라로 들어가는 문, 양의 문이 언제나 열려 있는 것은 아닙니다. 언젠가 그 문은 닫히고, 들어가고 싶어도 이미 늦어 못 들어갑니다. 열 처녀 비유 이야기(마 25:1-13)가 이를 잘 말해 줍니다.

양 떼가 우리 안에 있을 때 얻을 수 있는 두 번째 복은 들며 나며 꼴을 얻을 수 있다는 것입니다. 예수님은 말씀하십니다.

"내게 오는 자는 결코 주리지 아니할 터이요"(요 6:35).

양이 문 안에 있을 때 꼴을 얻어 주리지 않는다는 것은 육적 의미와 영적 의미가 있습니다. 하나님은 자기 백성들이 애굽을 탈출해 가나안에 들어갈 때까지 40년 동안 만나와 메추라기를 주셔서 음식을 먹게 하시고, 반석에서 물을 내서 마시도록 하셨습니다. 그들의 의복도 해어지지 않았다고 했습니다.

"이 사십 년 동안에 네 의복이 해어지지 아니하였고 네 발이 부르트지 아니하였느니라"(신 8:4).

하나님은 광야라는 척박한 환경 가운데서도 자기 백성들에게 필요한 것들을 공급해 주셨음을 알 수 있습니다.

하나님은 다윗이 노래한 것처럼 자기 백성들에게 부족함이 없도록 공급해 주십니다. 그럼에도 먹고사는 문제를 놓고 염려하는 사람들이 있습니다. 예수님은 이런 사람들을 향해 이렇게 말씀하십니다.

"목숨을 위하여 무엇을 먹을까 무엇을 마실까 몸을 위하여 무엇을 입을까 염려하지 말라 목숨이 음식보다 중하지 아니하며 몸이 의복보다 중하지 아니하냐 공중의 새를 보라 심지도 않고 거두지도 않고 창고에 모아들이지도 아니하되 너희 하늘 아버지께서 기르시나니 너희는 이것들보다 귀하지 아니하냐 너희 중에 누가 염려함으로 그 키를 한 자라도 더할 수 있겠느냐 또 너희가 어찌 의복을 위하여 염려하느냐 들의 백합화가 어떻게 자라는가 생각하여 보라 수고도 아니하고 길쌈도 아니하느니라 그러나 내가 너희에게 말하노니 솔로몬의 모든 영광으로도 입은 것이 이 꽃 하나만 같지 못하였느니라 오늘 있다가 내일 아궁이에 던져지는 들풀도 하나님이 이렇게 입히시거든 하물며 너희일까 보냐 믿음이 작은 자들아"(마 6:25-30).

이것은 우리가 아무 일을 하지 않아도 하나님이 먹을 것과 마실 것을 입에 넣어 주신다는 말이 아닙니다. 일찍 일어나는 새가 벌레를 더 많이 잡아먹는다고 했습니다. 노동은 안식, 결혼과 함께 하나님의 삼대(三大) 창조 질서 중 하나입니다. 우리가 일을 하려는 의지가 있을 때 하나님이 적절한 일자리를 주시고, 일을 통해 필요한 것들을 공급받을 수 있다는 것입니다.

우리가 양의 문으로 들어가면 주님께서도 우리에게 필요한 것들을 부족함이 없게 공급해 주십니다. 예수님은 오병이어의 기적으로 5,000명을 먹이시고, 혼인 잔치에 가셨을 때 포도주가 떨어지자 물을 포도주로 바꾸어 하객들에게 포도주가 부족함이 없게 하셨습니다.

다윗은 늘 필요한 물질을 공급해 주시는 여호와 하나님을 이렇게 노래합니다.

"젊은 사자는 궁핍하여 주릴지라도 여호와를 찾는 자는 모든 좋은 것에 부족함이 없으리로다"(시 34:10).

하나님은 아모스 선지자의 입을 통해 영적으로 타락한 이스라엘 백성들을 향해 이렇게 말씀하셨습니다.

"양식이 없어 주림이 아니며 물이 없어 갈함이 아니요 여호와의 말씀을 듣지 못한 기갈이라"(암 8:11).

아모스는 여로보암 2세 재위 기간(주전 786~746)에 활동한 선지자로, 이 40년간은 다윗과 솔로몬의 '황금시대'에 근접하는 번영의 시기였습니다. 여로보암 2세는 이스라엘의 유능한 통치자 중 한 사람이었습니다. 그는 다윗과 솔로몬 시대 때의 영토를 거의 회복했고, 다메섹을 지배함으로써 이스라엘 왕국은 동지중해에서 가장 강대한 나라가 되었습니다.

이와 같은 풍요 속에서 이스라엘 백성들은 왜 영적으로 타락했을까요? 영적 양식인 하나님의 말씀을 묵상하지 않았기 때문입니다.

모세는 가나안 입성을 앞두고 광야 2세대들에게 고별 설교를 했습니다.

> "이스라엘아 듣고 삼가 그것을 행하라 그리하면 네가 복을 받고 …크게 번성하리라…너는 마음을 다하고 뜻을 다하고 힘을 다하여 네 하나님 여호와를 사랑하라 오늘 내가 네게 명하는 이 말씀을 너는 마음에 새기고 네 자녀에게 부지런히 가르치며"(신 6:3-7).

하나님의 말씀을 늘 묵상하고, 하나님만 사랑하고 섬기라는 것입니다. 하지만 그들은 하나님을 멀리하고 우상을 섬겼습니다. 그러므로 그들은 아모스가 말한 대로 영혼이 갈할 수밖에 없었던 것입니다.

우리가 그리스도 밖에 있으면 아모스 당시의 이스라엘 백성들처럼 우리의 영혼 역시 메마르고 갈할 수밖에 없습니다. 그러나 우리가 양의 문 안에 있을 때, 즉 주님 안에 있을 때 우리는 영적으로 풍요롭게 됩니다. 예수님이 영적 양식과 생수를 공급해 주시기 때문입니다.

예수님은 자신을 생명의 떡이라고 하시면서 "내 살을 먹고 내 피를 마시는 자는 영원히 산다"라고 하셨습니다. 예수님은 사마리아 여인과의 대화에서 이렇게 말씀하셨습니다.

"내가 주는 물을 마시는 자는 영원히 목마르지 아니하리니 내가 주는 물은 그 속에서 영생하도록 솟아나는 샘물이 되리라"(요 4:14).

나는 선한 목자다

성경을 보면 예수님에 대한 칭호와 표현이 매우 다양합니다. 하나님의 아들, 인자, 메시아, 유대인의 왕, 구세주, 심판주, 안식일의 주인, 영원한 제사장 등입니다. 그런데 우리에게 가장 친근하고 다정한 표현은 '선한 목자'가 아닌가 합니다. 그래서 성화(聖畵) 중에는 예수님과 양을 묘사하고 있는 그림이 많습니다.

하나님은 에스겔 선지자를 통해 선한 목자를 보내 줄 것을 약속하셨습니다.

> "내가 한 목자를 그들 위에 세워 먹이게 하리니 그는 내 종 다윗이라 그가 그들을 먹이고 그들의 목자가 될지라"(겔 34:23).

여기서 '내 종 다윗'은 진짜 다윗 왕이 아니라 예수 그리스도를 가리키는 것으로 보아야 합니다. 에스겔은 다윗 이후의 사람으로 이스라엘 백성들의 바벨론 포로 생활 전후에 활동한 선지자였습니다. 여호와 하나님이 이스라엘 백성들에게 선한 목자를 보내 주기로 약속하신 것은, 당시 목자라 할 수 있는 제사장들이 그 사명을 제대로 감당하지 못했기 때문입니다.

제사장들에게 주어진 사명은 양 떼를 먹이는 것이었습니다. 그런데 에스겔 선지자가 볼 때 그들은 오히려 양들을 잡아먹고 그 털을 뽑아 옷을 만들어 입었습니다. 백성들의 등을 쳐서 자기들의 배를 채웠다는 말입니다. 제사장들은 영적으로 병든 사람들을 치유하고, 마음이 상한 사람들을 위로해 주어야 했습니다. 그럼에도 그들은 제사장이라는 우월적 직분을 이용해 백성들을 억압하고 포악하게 다스렸습니다. 이로 인해 이스라엘 백성들은 진정한 목자가 없어 흩어지고 흩어져 들짐승들의 먹이가 되었습니다.

북이스라엘 백성들은 주전 722년 앗수르에 나라가 멸망해 말할 수 없는 고초를 겪었습니다. 많은 백성이 앗수르에 포로로 잡혀갔고, 앗수르의 혼합 정책으로 이방인들과 강제로 결혼해야 했습니다. 이 후손들을 가리켜 사마리아인이라 부르고 있습니다. 남유다 왕국은 주전 586년 바벨론에 의해 멸망해 다니엘을 비롯한 많은 백성이 바벨론에 포로로 잡혀가 70년 동안 고초를 겪었습니다.

하나님은 이처럼 패역한 이스라엘 백성들을 징계하셨지만, 여전히 자기 백성들을 사랑하셨습니다. 그래서 한 목자를 보내 주겠다고 약속하셨습니다. 이 약속대로 목자가 되시는 예수님이 세상에 오셨습니다. 예수님도 자신을 선한 목자로 소개하고 있습니다.

고대 팔레스타인 지방에서 목자와 양의 관계는 단순히 주인과 가축의 관계가 아니었습니다. 단순한 재산상의 소유 관계도 아니었습니다. 생명이 결탁된 관계였습니다. 목자의 사명이 무엇입니까? 양을 안전한 곳으로 인도하는 것입니다. 어떤 방법으로 인도합니까? 요한복음 10장 3절을 보면 "문지기는 그를 위하여 문을 열고 양은 그 음성을 듣나니 그가 자기 양의 이름을 각기 불러 인도하여 낸다"라고 했습니다.

예수님 당시 팔레스타인 지방에서는 목축하는 지역에 양을 잡아먹는 짐승들이 자주 출몰했습니다. 목자들은 이에 효율적으로 대처하기 위해 마을마다 공동 소유의 우리를 지었습니다. 밤이 되면 목자들이 각자 자기의 양 떼를 우리에 넣었고, 문지기들은 강도나 짐승들이 접근하지 못하도록 밤새도록 보초를 섰습니다. 아침이 되면 목자들이 우리를 찾아와 자기 양들의 이름을 불러 나오게 했습니다. 목자가 앞서 가면 양들이 그 뒤를 따라갔습니다. 여기서 우리는 두 가지 중요한 사실을 발견할 수 있습니다.

첫째, 목자는 자기 양의 이름을 각각 불러 인도해 냅니다. 요즈음 축산업을 하는 사람들은 자기들이 사육하는 소나 돼지에 일련번호를 부여합니다. 이는 소나 돼지가 우유나 고기를 얻기 위한 사육의 대상일 뿐이라는 것을 의미합니다. 하지만 예수님 당시의 목자들은 자기가 기르는 양들을 그 성격과 특성에 따라 각기 이름을 지어 주었습니다. 상대방에게 이름을 지어 준다는 것은 그와 인격적인 관계를 맺는다는 것을 의미합니다. 아이의 이름은 그 부모나 조부모가

지어 줍니다. 이름을 지어 주는 사람과 그 상대는 부모나 자식처럼 특별한 관계임을 뜻합니다. 이처럼 목자와 양의 관계는 부모와 자식처럼 특별한 관계였습니다.

둘째, 목자는 언제나 양들보다 앞서서 갑니다. 사람이 돼지와 함께 가려면 뒤에서 채찍으로 몰아가야 합니다. 돼지는 주인이 앞서 간다고 그 뒤를 따라가지는 않기 때문에, 주인이 앞서서 가는 경우 돼지가 어디로 갈지 예측할 수가 없습니다. 그러나 양은 다릅니다. 양은 앞서 가는 목자를 따라갑니다. 목자와 양의 관계는 상호 간의 신뢰로 맺어져 있기 때문입니다. 목자는 자기 양들이 다른 길로 갈까 봐 염려할 필요가 없습니다. 양들은 목자가 어디로 가든지 그저 믿고 따라갑니다.

목자가 양들보다 앞서서 간다는 것은 무엇을 뜻합니까? 양들이 가야 할 방향을 제시하는 것입니다. 양들은 방향감각이 둔해 어디로 가야 하는지 알지 못합니다. 목자가 인도하지 않으면 길을 잃고 우왕좌왕합니다.

또 목자가 양들보다 앞서서 간다는 것은 양들을 위험으로부터 보호한다는 것을 의미합니다. 양들이 초장으로 가는 길은 결코 순탄한 길이 아닙니다. 많은 위험이 도사리고 있습니다. 늑대와 같은 들짐승들의 공격을 받을 수 있습니다. 늪에 빠져 허우적거리다 죽을 수도 있습니다. 그러나 목자가 앞서가면 두려울 것이 없습니다. 양들을 모든 위험으로부터 보호해 주기 때문입니다.

목자가 앞서서 가는 것은 양들에게 본을 보여 주기 위함이기도 합니다. 양들은 명령한다고 움직이는 가축이 아닙니다. 목자가 본을 보여야 따라갑니다. '그 목자에 그 양'이라는 말이 있듯이, 양들은 목자를 본받기 마련입니다.

그런데 양들은 어떻게 자기의 목자를 알아보고 따라갈까요? 양은 연약한 동물입니다. 사나운 짐승을 만나면 꼼짝없이 먹히고 맙니다. 그래서 양에게는 목자가 절대로 필요합니다. 이런 연약한 양에게도 장점이 하나 있습니다. 그것은 귀가 매우 밝다는 점입니다. 그래서 자기 목자의 음성을 정확히 알아냅니다. 양이 누구의 음성을 듣는가 하는 것은 매우 중요합니다. 그것은 사느냐 죽느냐의 문제이기 때문입니다.

예수님은 자신을 선한 목자라고 하셨습니다. '선한 목자'의 반대 개념은 '삯꾼 목자'입니다. 선한 목자의 관심은 오로지 양에 있지만, 삯꾼 목자의 관심은 오직 삯에 있습니다. 평소에는 선한 목자와 삯꾼 목자가 잘 구별되지 않지만, 양들이 위기에 처하면 확연히 드러납니다. 선한 목자는 자기의 생명을 버려서라도 양을 구합니다. 하지만 삯꾼 목자는 자기 목숨을 지키기 위해 양을 버립니다.

양은 어떤 목자를 만나느냐에 따라 그 운명이 갈라질 수 있습니다. 선한 목자를 만난 양은 생명을 얻지만, 삯꾼 목자를 만난 양은 반대로 생명을 잃을 수 있습니다. 그렇다면 어떤 목자가 선한 목자일까요?

첫째, 선한 목자는 양을 위해 자기의 목숨까지도 버립니다. 예수님은 우리 죄인들을 살리기 위해 십자가에 달리셨습니다. 우리에게 영원한 생명을 주기 위해 자기의 생명을 버리셨습니다.

선한 목자는 온전한 양보다 상처받은 양을 더 소중하게 생각합니다. 예수님도 공생애 동안 지배계층의 사람들보다 소외계층의 사람들과 함께하셨습니다. 사람들로부터 손가락질받던 세리를 가까이하셨고, 유대인들이 상종조차 하지 않는 사마리아 여인과도 대화를 나누셨습니다.

선한 목자는 잃은 양을 끝까지 찾아 나섭니다. 누가복음 15장에 잃어버린 양의 비유 이야기가 있습니다. 목자가 양 한 마리를 잃었습니다. 그러자 양 아흔아홉 마리를 우리에 두고 잃은 양을 찾아 나섭니다. 천신만고 끝에 잃은 양을 찾았습니다. 너무나 기쁜 나머지 양 한 마리의 값보다 훨씬 더 많은 비용을 써 가면서 잔치를 베풀었습니다. 이는 양을 심히 사랑했기 때문입니다. 성경에 잃어버린 양을 찾는 과정에 대해서는 전혀 언급이 없지만, 아마 목자는 양을 찾기 위해 많은 고생을 했을 것입니다. 돌부리에 걸리기도 하고, 가시덤불에 찔리기도 했을 것입니다. 그래도 아픈 줄 몰랐을 것입니다. 그의 마음은 사랑하는 양을 꼭 찾아야 한다는 일념뿐이었을 것이기 때문입니다.

다윗은 어린 시절에 선한 목자였습니다. 양들을 어찌나 사랑했던지 이들을 위해서라면 목숨까지도 내줄 각오가 되어 있었습니다. 그가 양을 지킬 때 사나운 짐승이 와서 양의 새끼를 잡아가면 따라가서 그 짐승을 쳐서 양을 구하곤 했습니다. 다윗은 장차 오실 메시아의 그림자였습니다. 예수님은 죄인들을 살리기 위해 그 무서운 십자가에 달려 피를 쏟아 내고 죽으셨습니다.

둘째, 선한 목자는 양을 압니다. 양을 안다는 것은 목자에게 있어서 매우 중요합니다. 양을 모르는 상태에서는 그들을 제대로 돌볼 수 없기 때문입니다. 양을 안다는 것은 양이 지금 무엇을 필요로 하는지 안다는 것입니다. 양이 처한 상황을 안다는 것입니다. 이는 단순히 겉으로 드러난 것을 아는 것이 아니라, 숨은 형편까지도 속속들이 아는 것을 말합니다. 나의 자녀에 대해 다른 사람도 알 수 있습니다. 그러나 부모가 알고 있는 것과 다른 사람이 알고 있는 것 사이에는 엄청난 차이가 있습니다. 남편은 아내에 대해, 아내는 남편에 대해 많은 것을 압니다. 상대방의 성격이나 취미, 식성, 잠버릇에 이르기까지 속속들이 압니다.

그런데 부부가 서로를 아는 것, 부모가 자식을 아는 것 이상으로 예수님은 우리를 더 잘 알고 계십니다. 우리의 미래에 대해서도, 우리가 언제 죽을지에 대해서도 알고 계십니다. 예수님은 어떻게 나에 대해 속속들이 알고 계실까요? 예수님은 전지전능하신 분이기 때문입니다. 요즈음 정보기술의 발달로 국가가 마음만 먹으면 우리의 일거수일투족을 꿰뚫어 볼 수 있게 되었습니다. 하지만 예수님의 능력은 인간의 능력과는 비교할 수 없습니다.

예수님이 우리를 속속들이 알고 계신 것은 우리를 향한 주님의 사랑과 관심 때문입니다. 주님은 우리를 사랑하시기 때문에 우리의 일거수일투족을 지켜보십니다. 상대방에 대한 사랑이 없으면 무관심해집니다. 무관심하면 그에 대해 아무것도 알지 못하게 됩니다. 아니, 알 필요도 없습니다.

셋째, 선한 목자는 다른 우리의 양도 사랑합니다. 요한복음 10장 16절에서 "이 우리에 들지 아니한 다른 양들이 내게 있어 내가 인도하여야 할 터이니 그들도 내 음성을 듣고 한 무리가 되어 한 목자에게 있으리라"라고 했습니다. 이 무리에 속하지 않은 다른 양은 누구를 가리킬까요? 이방인들입니다. 성경은 예수님이 이방인의 목자로 오실 것임을 예언합니다.

"그가 이방에 정의를 베풀리라"(사 42:1).

"내가 또 너를 이방의 빛으로 삼아 나의 구원을 베풀어서 땅끝까지 이르게 하리라"(사 49:6).

"섬들아 내게 들으라 먼 곳 백성들아 귀를 기울이라"(사 49:1).

예수님 안에서는 민족이나 인종이나 남녀나 신분이 차별이 없습니다. 예수님은 세상 만민의 목자가 되십니다.

리빙스턴은 요한복음 10장 16절 말씀에 은혜를 받고 아프리카로 건너가 평생 그곳에서 선교 활동을 했습니다. 그는 세상 모든 사람이 선한 목자가 되시는 예수님의 음성을 듣고 구원받기를 원했습니다. 그래서 웨스트민스터 사원에 있는 그의 묘비에는 요한복음 10장 16절 말씀이 새겨져 있다고 합니다.

예수님은 목자이시며, 우리는 그가 기르시는 양입니다. 언제나 앞장서서 어디로 갈지 모르는 우리를 인도해 주십니다. 이사야 40장 11절을 보면 "그는 목자같이 양 떼를 먹이시며 어린양을 그 팔로 모아 품에 안으시며 젖 먹이는 암컷들을 온순히 인도하시리로다"라고 했습니다.

이 말씀에서 목자로서의 예수님의 모습을 볼 수 있습니다. 예수님은 우리를 푸른 초장과 쉴 만한 물가로 인도해 주십니다. 예수님은 우리가 지금 무엇을 필요로 하는지 알고 계십니다. 그래서 부족함이 없도록 채워 주십니다. 예수님은 강한 팔로 우리를 모든 위험으로부터 지켜 주시고 보호해 주십니다. 주의 지팡이와 막대기가 우리를 안위해 주시기 때문에 우리는 두려워할 필요가 없습니다. 양들이 목자의 음성을 듣고 따라가기만 하면 되듯이, 우리는 주님만 믿고 따라가면 모든 일이 형통하게 될 줄로 믿습니다.

나는 부활이요 생명이다

　예수님은 예루살렘에 가실 때마다 베다니(예루살렘 인근에 있는 작은 도시)에 살고 있는 나사로의 집에 들러 삼 남매와 함께 식사를 나누면서 교제하셨습니다. 나사로의 누이인 마리아는 예수님에 대한 지극한 사랑과 존경과 감사의 표시로 자기가 가장 아끼는 향유(아마도 결혼에 대비해 준비한 향유였던 것 같음)를 예수님의 발에 붓고 자기의 머리카락으로 주님의 발을 정성껏 씻어 주었던 그 여인입니다.

　그런데 어느 날 나사로가 병이 들었습니다. 여느 때와 달리 나사로의 병세는 나날이 악화되었습니다. 곧 죽을 것만 같았습니다. 당황한 누이들이 급히 사람을 예수님께 보내 이 사실을 알리고 도움을 청했습니다. 예수님은 나사로가 병들었다는 소식을 듣고는 말씀하셨습니다.

　"이 병은 죽을병이 아니라 하나님의 영광을 위함이요 하나님의 아들이 이로 말미암아 영광을 받게 하려 함이라"(요 11:4).

　마리아와 마르다가 볼 때 오라비의 병은 절망적이고 절박했습니다. 그러나 예수님은 나사로의 병을 하나님과 자신의 영광을 드러낼 절호의 기회로 보셨습니다.
　우리가 자신이 처한 상황을 긍정적으로 보느냐, 아니면 부정적으로 보느냐에 따라 그 결과는 엄청난 차이가 있습니다. 부정적인 눈으로 바라보면 운명론적인 생각에 사로잡혀 좌절하기 쉽습니다. 그러나 긍정적인 눈으로 바라보면 그 문제 뒤에 숨어 있는 하나님의 선하신 뜻을 발견하고 희망을 가질 수 있습니다. 이것이 바로 긍정의 힘입니다. 나사로의 병은 하나님의 영광을 위해 주신 고통이 아니라, 그런 고통 중에서도 하나님의 영광이 드러날 수 있다는 것을 보여 주기 위한 것이었습니다.
　예수님은 사랑하는 나사로가 병들었다는 소식을 듣고는 아무런 조치도 하지 않으셨습니다. 오히려 계시던 곳에서 이틀이나 더 머무셨습니다. 그 사이에 나사로는 죽고 말았습니다. 이때 마르다와 마리아의 심정이 어떠했을까요? 예수님이 참으로 야속하고 원망스러웠을 것입니다.
　그런데 예수님은 왜 이틀이나 지체하셨을까요? 그것은 하나님의 영광을 확실히 드러내기 위해서였습니다. 또한 나사로의 누이들에게 부활의 신앙을 심어 주기 위해서였습니다. 하나님은 사랑하는 자녀들을 위해 가장 좋은 것을 예비해 놓고 계십니다. 하지만 이를 주시는 것은 우리가 원하는 때가 아니라, 하나님이 원하시는 때입니다.

때가 되자 예수님은 제자들에게 "유대로 다시 가자"라고 말씀하셨습니다. 나사로의 집에 가보니 그는 이미 죽은 상태였습니다. 그런데 예수님은 나사로가 잠을 자고 있다고 하셨습니다. 잠자는 것을 두려워하는 사람은 없습니다. 다시 깨어날 소망이 있기 때문입니다. 그러나 죽음은 깨어날 소망이 없기에 두려워하는 것입니다.

성경은 신자의 죽음을 잠자는 것으로 봅니다. 스데반이 사람들의 돌에 맞아 숨을 거두자, 이를 죽었다고 하지 않고 잔다고 표현하고 있습니다(행 7:60). 고린도전서 15장 6절에서도 죽은 사람들을 '잠들었다'라고 표현하고 있습니다. 데살로니가전서 4장 14절에서는 이렇게 말합니다.

"우리가 예수께서 죽으셨다가 다시 살아나심을 믿을진대 이와 같이 예수 안에서 자는 자들도 하나님이 그와 함께 데리고 오시리라."

성경은 신자의 죽음을 왜 잠자는 것으로 보고 있을까요? 잠자는 사람들이 아침이 되면 다시 깨어나듯이, 죽은 신자도 예수님처럼 부활하기 때문입니다.

예수님이 십자가에서 죽으신 지 사흘째 되던 날 새벽에 막달라 마리아와 야고보의 어머니 마리아와 살로메가 향품을 갖고 예수님의 무덤을 찾아갔습니다(막 16:1-2). 유대인들은 무덤에 안치된 사람이 정말 죽었는지 확인하기 위해 사흘째 되는 날까지 무덤을 방문하는 것이 관례였습니다. 랍비 자료에 의하면, 애도는 셋째 날에 절정에 이른다고 합니다. 예수님을 따랐던 세 여인이 이날 예수님의 무덤을 찾아간 것은 이러한 관례를 따른 것이 아닌가 합니다.

여인들은 예수님의 무덤이 비어 있음을 알고 몹시 놀랐습니다. 빈 무덤은 예수님의 부활을 입증하는 것입니다. 대제사장들과 바리새인들은 빌라도로 하여금 경비병들을 예수님의 무덤에 보내 사흘까지 굳게 지키도록 요청했습니다. 예수님의 제자들이 스승의 시신을 도둑질한 뒤 백성들에게 거짓으로 예수님이 다시 살아났다고 주장할지도 모른다고 생각했기 때문입니다. 경비병들이 부활한 예수님을 목격하고는 이 사실을 대제사장들에게 알렸습니다. 그러자 그들은 경비병들에게 뇌물을 주며 백성들에게 거짓을 말하도록 했습니다.

"그의 제자들이 밤에 와서 우리가 잘 때에 그를 도둑질하여 갔다 하라"(마 28:13).

그런데 예수님의 십자가 죽음 자체를 의심하는 사람들도 있었습니다. 2세기에 기독교 신앙을 반대한 켈 수스라는 사람은 이렇게 말했습니다.

"예수님은 십자가에서 죽지 않고 기절했을 뿐이다."

그러나 유대 역사가인 요세푸스와 로마 역사가인 타키투스는 예수님의 십자가 죽음을 사실로 인정했습니다.

예수님의 부활의 목격자는 세 여인 외에도 많이 있습니다. 예수님의 제자들과 사도들, 그리고 500여 사람이 그들입니다(고전 15:5-6). 부활하신 예수님은 이른 새벽에 무덤에 온 세 여인에게 무서워하지 말라고 하시면서, 제자들에게 가서 자신이 갈릴리에서 그들을 만날 것임을 전하라고 하셨습니다(마 28:10).

부활하신 예수님은 엠마오로 가고 있던 두 제자를 만나셨습니다. 두 제자는 예수님을 이스라엘을 구원할 메시아로 생각했습니다. 그런데 예수님이 십자가형을 받고 죽으시자 실망한 나머지 엠마오로 가고 있었습니다. 부활하신 예수님이 그들에게 나타나서 대화를 나누셨습니다. 이들은 처음에는 예수님을 알아보지 못했으나, 여러 가지 말씀을 듣고서 자기들과 동행한 분이 예수님임을 알게 되었습니다(눅 24:13-31).

부활하신 예수님은 열한 제자에게 나타나 의심하는 그들에게 자기를 만져 보라고 하셨습니다(눅 24:36-39). 의심 많은 제자 도마에게는 "내 옆구리에 네 손을 넣어 보라"라고 하시면서 믿는 자가 되라고 하셨습니다(요 20:24-28). 부활하신 예수님은 갈릴리에서 고기를 잡고 있던 베드로를 비롯한 일곱 제자를 찾아가 함께 음식을 나누셨습니다. 그리고 베드로에게 "내 양을 먹이라"라고 분부하셨습니다(요 21장).

예수님은 또 기독교인들을 잡아들이기 위해 다메섹으로 가는 바울에게 나타나서 말씀하셨습니다.

"사울아 사울아 네가 어찌하여 나를 박해하느냐"(행 9:4).

이 사건을 계기로 바울은 회심하고 복음을 전하는 사도가 되었습니다.

오늘날 예수님의 부활에 대해 회의적인 신학자가 없진 않지만, 다수의 신학자는 예수님의 부활을 확언합니다.

머레이는 여섯 가지 사실, 곧 빈 무덤, 예수님이 죽은 후 나타나신 것, 교회의 존재와 예수님에 대한 예배, 그리스도인들의 체험에서 나온 간증, 예수님의 예언, 그리고 부활과 성경의 계시의 일치에 근거해 예수님의 부활을 수용합니다.

스피노자는 예수님의 부활에 대해 이렇게 증언합니다.

> "그리스도가 부활하셨다는 진리에 대한 증거는 편견 없는 관찰자가 보기에도 압도적인 것이라 생각한다."

독일계 유대인인 라피데는 말하길, 자신은 예수님의 부활을 초대 교회가 꾸며낸 것이 아니라 역사적 사건으로 받아들인다고 했습니다.

예수님의 십자가 죽음과 부활은 복음의 핵심입니다. 우리가 예수 그리스도의 흘리신 피로 속죄함을 받았고, 또 예수님의 부활은 우리에게 부활의 소망을 주기 때문입니다. 바울은 예수님 부활의 의미를 이렇게 말합니다.

> "그리스도께서 죽은 자 가운데서 다시 살아나사 잠자는 자들의

첫 열매가 되셨도다"(고전 15:20).

우리도 죽으면 예수님처럼 부활한다는 것입니다. 예수님의 부활과 신자의 부활의 관계에 대해 데이비스 교수와 후크 교수는 이렇게 말합니다.

"예수님이 죽은 자 가운데서 부활하신 것은 그것이 우리가 죽은 자 가운데서 부활하리라는 약속 혹은 보증이라는 것을 보여 준다"(데이비스).

"죽음을 직면하고 이기신 그리스도가 새로운 종류의 삶, 새 창조의 삶을 시작하셨기 때문에, 죽음이 모든 것의 완전한 종말인 사람들이 소망을 가질 수 있게 되었다"(후크).

하지만 안타깝게도 신자의 부활을 의심하는 성도들도 없지 않습니다. 이들을 향해 바울은 이렇게 말합니다.

"그리스도께서 다시 살아나신 일이 없으면 너희의 믿음도 헛되고 너희가 여전히 죄 가운데 있을 것이요 또한 그리스도 안에서 잠자는 자도 망하였으리니 만일 그리스도 안에서 우리가 바라는 것이 다만 이 세상의 삶뿐이면 모든 사람 가운데 우리가 더욱 불쌍한 자이리라"(고전 15:17-19).

부활을 영혼 불멸이라는 헬라적 개념과 혼동해서는 안 됩니다. 이와 관련해 오스카 쿨만은 이렇게 설명합니다.

"영혼의 불멸성에 대한 믿음은 혁명적 사건에 대한 믿음이 아니다. 불멸성은 사실 소극적 주장일 뿐이다. 영혼이 죽지 않고 단지 계속 살아간다는 것이다. 부활은 적극적 주장이다. 정말로 죽었던 전 인격적인 인간이 하나님의 새로운 창조 행위에 의해 되살아난다는 것이다."

우리의 몸이 부활한다면 죽었을 때와 같은 몸으로 부활할까요? 유대의 일부 외경(外經)에서는 똑같은 몸으로 부활한다고 주장합니다.

"이 세상의 몸과 똑같은 몸으로 부활할 것이다"(마카베오하 14:46).

"이 세상의 몸과 똑같은 몸으로 부활하되 그 후에 변형될 것이다"(바룩2서 50:2).

이러한 주장에는 훼손된 몸(물고기들이 먹어 버린 시체나 폭탄에 산산조각이 난 시체 등)도 부활할 수 있는가 하는 문제가 제기될 수 있습니다. 일부 기독교인들이 화장을 기피하는 이유가 여기에 있다고 봅니다.

바울은 이러한 문제 제기는 어리석은 것이라고 했습니다. 하나님은 무에서 세상 만물을 창조하신 분이기 때문입니다. 바울은 하나님나라에서 살아가기에 적합하도록 변형된 몸으로 부활한다고 했습니다. 나비의 애벌레는 땅에서 살다가 때가 되면 하늘을 날아다니기에 적합한 형태로 변형됩니다. 우리의 몸도 마찬가지입니다.

그렇다면 부활한 우리의 몸은 어떻게 변형될까요? 썩을 몸이 썩지 않을 몸으로, 욕된 몸이 영광스러운 몸으로, 약한 몸이 강한 몸으로, 육의 몸이 신령한 몸으로 변형됩니다(고전 15:42-44).

사람들은 대체로 죽음을 두려워합니다. 죽음이 끝이라고 생각하기 때문입니다. 그러나 믿는 사람들은 죽음을 두려워하지 않습니다. 죽음은 끝이 아니라 새로운 시작이기 때문입니다. 바울은 우리에게 가장 무서운 존재인 죽음을 이렇게 조롱하고 있습니다.

> "사망아 너의 승리가 어디 있느냐 사망아 네가 쏘는 것이 어디 있느냐"(고전 15:55).

병으로 신음하던 나사로는 결국 죽었습니다. 나사로의 누이들은 유대인들의 장례 풍습에 따라 당일에 오라비를 장사 지냈습니다. 중동 지역은 아열대 지방이라 사람이 죽으면 금방 썩기 시작합니다. 그래서 죽은 당일에 장례를 치렀습니다. 나사로의 장례를 치르고 나흘째 되는 날에 예수님이 오셨습니다. 마르다가 예수님을 영접하면서 이렇게 말했습니다.

"주께서 여기 계셨더라면 내 오라버니가 죽지 아니하였겠나이다"(요 11:21).

오라비의 위급함을 알렸음에도 예수님이 꾸물대다가 나사로를 죽게 했다는 서운함이 묻어나는 말이었습니다. 마르다는 예수님의 치유 능력을 믿었습니다. 그러나 그녀의 믿음은 거기까지였습니다. 예수님의 창조 능력, 곧 죽은 자를 살릴 수 있는 능력은 믿지 못했습니다. 예수님은 자기를 원망하는 마르다에게 나사로가 다시 살아날 것이라는 희망을 심어 주셨습니다.

"네 오라비가 다시 살아나리라"(요 11:23).

그리고 다시 이렇게 말씀하셨습니다.

"나는 부활이요 생명이니 나를 믿는 자는 죽어도 살겠고 무릇 살아서 나를 믿는 자는 영원히 죽지 아니하리니"(요 11:25-26).

예수님은 마르다에게 부활 신앙을 심어 주고자 하셨습니다. 부활은 기독교 신앙의 핵심이기 때문입니다. 캔터베리의 대주교였던 마이클 램지는 이렇게 말했습니다.
"부활이 없는 복음은 그저 복음의 마지막 장면이 없는 것이 아니다. 그것은 아예 복음이 아니다."

예수님은 생명보다 부활을 먼저 언급하고 계십니다. 이는 우리에게 먼저 부활이 필요하기 때문입니다. 인간은 아담의 범죄로 인해 영원히 죽을 수밖에 없게 되었습니다. 죽음은 육신의 죽음뿐 아니라 영적인 죽음을 포함합니다. 죽었다는 것은 생명이 없다는 것을 말합니다. 죽은 자는 우선 살려야 합니다. 그래서 예수님은 우리를 먼저 살려 주시고, 그 후에 생명을 유지시켜 주십니다. 그러므로 예수님 안에서는 더 이상 죽음이 없게 됩니다. 그래서 예수님은 "나를 믿는 자는 죽어도 살겠고 무릇 살아서 나를 믿는 자는 영원히 죽지 않는다"라고 말씀하신 것입니다.

예수님을 믿는 자들은 육신이 죽어도 종말의 때에 다시 살아납니다. 종말에는 개인적 종말과 우주적 종말이 있습니다. 사람은 누구나 죽습니다. 죽음이 바로 개인적 종말입니다. 신자가 죽으면 썩지 않을 몸, 영광스러운 몸, 강한 몸, 신령한 몸으로 부활해 하나님나라에서 영원히 살게 됩니다. 우주적 종말은 예수님께서 재림하시는 때를 말합니다. 이때 신자들은 공중에서 주님을 영접해 그분과 함께 영원히 살게 됩니다(살전 4:16-17).

예수님은 마르다에게 "내가 부활이요 생명이라는 나의 말을 믿느냐"라고 물으셨습니다. 마르다가 대답했습니다.

> "주여 그러하외다 주는 그리스도시요 세상에 오시는 하나님의 아들이신 줄 내가 믿나이다"(요 11:27).

마르다의 신앙이 '내가 아나이다'에서 '내가 믿나이다'로 바뀌었습니다. '아는' 신앙에서 '믿는' 신앙으로 발전했습니다. 예수님이 우리의 죄를 속하기 위해 십자가에서 죽으셨다는 사실을 아는 것만으로는 아무 소용이 없습니다. 이를 믿어야 비로소 구원을 받습니다. 예수님이 부활하셨다는 사실을 아는 것만으로는 아무 소용이 없습니다. 예수님이 다시 살아나심으로 부활의 첫 열매가 되셨기에 우리도 부활할 수 있다는 믿음이 있어야 합니다.

나는 길이요 진리요 생명이다

예수님은 "내가 길이다"라고 하시면서 "나로 말미암지 않고는 아버지께로 올 자가 없다"라고 하셨습니다. 예수님을 통해서만 하나님나라에 들어갈 수 있다는 것입니다. 예수님이 하나님나라를 향한 유일한 길입니다.

야곱은 눈이 잘 보이지 않는 아버지 이삭을 속이고 형 에서가 받아야 할 장자의 축복을 가로챘습니다. 이에 격분한 에서가 야곱을 죽이고자 했습니다. 어머니를 통해 이를 알게 된 야곱은 하란에 살고 있는 외삼촌 댁으로 가서 잠시 피신하고자 급히 집을 떠났습니다. 하란으로 가던 중 밤이 되자 돌 하나를 취해 베개 삼아 잠을 청했습니다. 그때 야곱은 이상한 꿈을 꾸었습니다. 사닥다리가 땅 위에 서 있는데 그 꼭대기는 하늘에 닿았고, 하나님의 사자들이 거기를 오르락내리락하는 꿈이었습니다. 그 사닥다리는 하나님의 사자들, 즉 천사들이 땅에서 하늘에 이르는 길이었습니다. 야곱이 본 그 사닥다리는 바로 우리가 하나님나라로 갈 수 있는 유일한 길이 되시는 예수님을 상징합니다.

하나님나라는 죄 없는 사람, 의인만 갈 수 있는 곳입니다. 그런데 세상에 의인은 하나도 없습니다. 모든 인간은 아담과 하와의 범죄로 죄성을 갖고 태어나기 때문입니다. 하나님은 이를 안타깝게 여기시고 독생자 예수 그리스도를 이 땅에 보내셨습니다. 그리고 예수님으로 하여금 인간의 모든 죄를 짊어지고 십자가에서 죽게 하셨습니다. 성경에 나오는 몇 가지 사건이 예수님의 대속적 죽음을 암시하거나 예표(豫標)합니다.

아담과 하와는 금단의 열매인 선악과를 먹은 후 자기들이 벗은 줄을 알게 되었고, 무화과나무 잎으로 부끄러운 곳을 가렸습니다. 하나님은 이들을 에덴동산에서 쫓아내실 때 가죽옷을 입히셨습니다. 가죽옷을 만들려면 짐승을 죽여야 합니다. 이것이 무엇을 의미할까요? 인간의 행위로는 죄를 덮을 수 없고, 희생의 피만이 죄를 없이할 수 있다는 것을 말해 주는 것입니다. 그러므로 가죽옷은 인간의 죄의 문제를 해결하기 위한 예수 그리스도의 희생을 암시합니다.

하나님은 어느 날 아브라함과 언약을 맺으셨습니다. 그에게 많은 후손과 땅을 주겠다는 언약이었습니다. 여기에는 한 가지 조건이 있었습니다. 아브라함과 그의 후손들이 하나님의 말씀에 순종하는 것이었습니다.

하나님은 아브라함과 언약을 맺으실 때 당시 중동 지역의 관습을 따랐습니다. 당시 계약 당사자들은 동물을 쪼갠 후 그 위를 걸어 갔습니다. 계약을 지키지 않은 사람은 이 동물처럼 쪼개진다는 것입니다. 당시의 계약은 그야말로 목숨을 건 계약이었습니다.

그런데 아브라함과의 언약식에서는 하나님만 짐승 위를 지나가셨습니다. 아브라함은 연약한 인간이기에 얼마든지 언약을 어길 수 있습니다. 하지만 신실하신 하나님은 약속하신 언약은 꼭 지키십니다. 그러므로 하나님은 굳이 쪼개진 짐승 위를 지나가실 필요가 없고, 오히려 아브라함이 지나가야 했습니다. 그럼에도 하나님만 지나가셨습니다. 이것이 무엇을 의미합니까? 아브라함이 언약을 지키지 않으면 그가 죽임을 당하는 것이 아니라, 하나님이 대신 죽을 것임을 뜻합니다. 하나님이 아브라함과 맺으신 언약 의식은 예수 그리스도의 대속적 죽음을 암시하고 있습니다.

이 외에 이삭을 대신해 제물로 바쳐진 숫양, 유월절 어린양, 장대에 달린 놋뱀 등도 예수님의 대속적 죽음을 상징합니다.

이사야 선지자는 예수님의 대속적 죽음에 대해 생생하게 예언하고 있습니다.

"우리는 다 양 같아서 그릇 행하여 각기 제 길로 갔거늘 여호와께서는 우리 모두의 죄악을 그에게 담당시키셨도다"(사 53:6).

예수님은 니고데모와의 대화에서 이런 말씀을 하셨습니다.

"모세가 광야에서 뱀을 든 것같이 인자도 들려야 하리니 이는 그를 믿는 자마다 영생을 얻게 하려 하심이니라"(요 3:14-15).

예수님은 또한 제자들에게 이렇게 말씀하셨습니다.

"인자가 온 것은 섬김을 받으려 함이 아니라 도리어 섬기려 하고 자기 목숨을 많은 사람의 대속물로 주려 함이니라"(마 20:28).

죄인들을 살리기 위해 예수님께서 십자가에 달리신다는 말씀입니다.

예수님은 때가 되자 십자가에 달리시기 위해 나귀 새끼를 타고 예루살렘에 입성하셨습니다. 백성들이 예수님을 열렬히 환영했습니다. 그들은 자기들의 겉옷과 무화과나무 가지를 길에 펴고 이렇게 소리쳤습니다.

"호산나 다윗의 자손이여 찬송하리로다 주의 이름으로 오시는 이여"(마 21:9).

'호산나'는 '구하옵나니 이제 구원하소서'라는 뜻입니다. 이들이 왜 예수님을 이렇게 환영했을까요? 예수님을 자기들을 로마의 압제에서 구원할 메시아로 생각했기 때문입니다. 예수님은 그동안 온갖 불치병 환자들을 치유해 주시고, 귀신 들린 자들에게서 귀신을 쫓으시며, 떡 다섯 개와 물고기 두 마리로 5,000명을 먹이셨습니다. 물을 포도주로 변화시키고, 성난 바다를 잠잠케 하는 초월적 능력을 행하셨습니다. 또한 예수님의 입에서 나오는 말씀은 능력과 권위가 있었습니다.

사람들은 이런 예수님이야말로 자기들이 오매불망 기다리던 메시아임을 믿어 의심치 않았습니다. 예수님을 로마 제국의 압제로부터 자기들을 해방시켜 줄 메시아로 생각했기에 열렬히 환영했던 것입니다. 그런데 예수님이 맥없이 십자가에 달리시자 예수님에 대한 기대는 분노로 돌변했습니다. 사람들은 머리를 흔들며 예수님을 모욕했습니다. "당신이 진정 하나님의 아들이면 자기를 구원하고 십자가에서 내려오라"라고 조롱했습니다. 제사장들과 바리새인들과 장로들도 예수님을 조롱했습니다.

> "그가 남은 구원하였으되 자기는 구원할 수 없도다 그가 이스라엘의 왕이로다 지금 십자가에서 내려올지어다 그리하면 우리가 믿겠노라"(마 27:42).

예수님은 하나님의 아들로서 능치 못한 일이 없습니다. 마음만 먹으면 얼마든지 십자가에서 내려오실 수 있었습니다. 하지만 그렇게 하지 않으셨습니다. 십자가에서 내려오면 인간의 죄의 문제를 해결할 수 없기 때문입니다. 사람들이 하나님나라로 갈 수 있는 길을 개척할 수 없기 때문입니다.

하나님나라는 오직 의인만 들어갈 수 있습니다. 그런데 예수님이 십자가에서 피 흘리심으로 우리의 죄를 속량하시어 우리가 하나님으로부터 의롭다 하심을 받게 되었습니다. 바울은 이것을 이렇게 말합니다.

"모든 사람이 죄를 범하였으매 하나님의 영광에 이르지 못하더니 그리스도 예수 안에 있는 속량으로 말미암아 하나님의 은혜로 값없이 의롭다 하심을 얻은 자 되었느니라"(롬 3:23-24).

"우리는 그리스도 안에서 그의 은혜의 풍성함을 따라 그의 피로 말미암아 속량 곧 죄 사함을 받았느니라"(엡 1:7).

베드로는 이렇게 말하고 있습니다.

"너희가 알거니와 너희 조상이 물려 준 헛된 행실에서 대속함을 받은 것은 은이나 금같이 없어질 것으로 된 것이 아니요 오직 흠 없고 점 없는 어린양 같은 그리스도의 보배로운 피로 된 것이니라"(벧전 1:18-19).

우리는 그리스도의 피로 의롭다 함을 받았기에 하나님께 나아갈 수 있는 것입니다.
이처럼 예수님은 하나님나라에 들어갈 수 있는 유일한 길입니다.

그럼에도 이를 부정하는 사람들이 있습니다. 이들은 서울에서 부산으로 가는 데 여러 길이 있듯이, 하나님나라에 들어가는 데도 여러 길이 있다고 말합니다. 이슬람교, 유교, 불교, 힌두교, 심지어 토속 종교에도 구원이 있다고 말합니다. 이런 주장을 하는 대표적인 사람들이 바로 종교다원주의자들입니다. 이들은 주장하기를 세상에 절대 종교는 없고, 모든 종교는 상대적이라고 말합니다.

19세기의 대표적인 자유주의 신학자인 트뢸치는 기독교 절대주의를 거부하고, 종교는 상대적이며 제각기 진리의 요소를 가지고 있으므로 어느 종교가 다른 종교보다 더 훌륭하다고 말할 수 없다고 했습니다.

종교철학자인 존 힉은 모든 종교는 동일한 신을 섬기며, 여호와나 알라 등은 동일한 신의 다른 이름에 불과하다고 했습니다.

가톨릭교회는 세계교회협의회(WCC)를 통해 범기독교(가톨릭교회, 정교회, 진보적 개신교)의 통합을 주도하고 나서 이슬람과의 통합도 시도했습니다. 교황 바오로 2세는 1985년 카사블랑카의 한 무슬림 학교에서 이렇게 연설했습니다.

"기독교가 믿는 하나님과 이슬람이 믿는 하나님이 동일하므로 기독교와 이슬람은 갈등을 해소하고 희망적 미래로 나아가야 한다."

교황의 이러한 제안에 이슬람은 "이슬람교, 유대교, 기독교는 아브라함의 후손들로서 같은 뿌리를 갖고 있다"라고 화답했습니다. 그러면서 자기들이 장자가 되어야 한다고 주장했습니다. 이러한 주장을 근거로 해서 크리슬람(Chrislam) 운동이 일어났습니다.

크리슬람 운동은 종교혼합주의의 대표적 용어로, 1980년대에 나이지리아의 라고스에서 시작되었습니다. 나이지리아는 인구 중 기독교와 이슬람 신자가 반반으로 종교 간 갈등이 심했습니다. 이를 해결하고자 신흥 종교인들이 등장했습니다. 대표적인 사람이 기독교 신자였던 틀라 텔라와 무슬림 예언자인 삼수딘 사카였습니다. 사카는 메카를 순례하던 중 기독교와 무슬림의 하나님은 동일한 하나님이니 함께 예배를 드리라는 영감을 받았다고 합니다. 이렇게 해서 사카에 의해 크리슬람이 설립되었습니다. 크리슬람 운동은 아프리카와 중동을 거쳐 미국의 종교계와 대학 캠퍼스, 정계에 침투했습니다.

이 운동은 2001년 9·11 테러를 계기로 미국인들의 관심을 끌게 되었습니다. 오바마 대통령은 크리슬람을 종교 간 갈등 해소를 위한 대안으로 생각했습니다. 2009년 1월 오바마 대통령 취임식 때 릭 워렌 목사(새들백 교회)가 "예수아, 이사(이슬람에서의 예수의 이름), 헤수스, 그리고 예수 이름으로 아멘" 하고 기도함으로써 미국 복음주의 교회들에 큰 충격을 주었습니다.

알라는 하나님과는 전혀 다른 이방 신들 중 하나입니다. 이슬람은 삼위일체의 기독교를 다신교로 이단시하고 있습니다. 무엇보다 이들은 예수 그리스도의 구원을 부인합니다. 그러므로 크리슬람 운동은 반기독교적이요, 전형적인 종교혼합주의 운동입니다. 일부 신학자들과 진보적 교회에서는 종교다원주의를 수용하고 있습니다. 그러나 다른 종교에 대한 기독교의 태도는 성경적이어야 합니다. 이

원칙에서 벗어나면 기독교라 할 수 없습니다.

우리가 성경을 하나님의 영감으로 기록된 말씀으로 믿는다면 예수를 믿어야 구원받을 수 있다는 결론에 이르게 됩니다. 그런데 종교다원주의는 성경의 진리와 일치하지 않고 원칙에서 벗어나 있습니다. 즉, 종교다원주의는 인도주의적 관점에서 출발해 이성적 방법으로 문제 해결을 시도한 끝에 그리스도와 교회 밖에도 구원이 있다는 비성경적 결론에 도달했다고 볼 수 있습니다. 종교 간의 대화와 존중은 필요하지만, 종교다원주의는 단호히 배격해야 합니다. 사도행전 4장 12절을 보면 이렇게 말씀하고 있습니다.

"다른 이로써는 구원을 받을 수 없나니 천하 사람 중에 구원을 받을 만한 다른 이름을 우리에게 주신 일이 없음이라 하였더라."

바울도 이렇게 말하고 있습니다.

"다른 복음은 없나니 다만 어떤 사람들이 너희를 교란하여 그리스도의 복음을 변하게 하려 함이라 그러나 우리나 혹은 하늘로부터 온 천사라도 우리가 너희에게 전한 복음 외에 다른 복음을 전하면 저주를 받을지어다"(갈 1:7-8).

"나는 길이다"라는 말씀에는 주님께서 하나님나라를 향한 우리의 여정을 인도해 주신다는 의미도 내포되어 있습니다. 우리의 인생은 하나님나라를 향해 가는 여정이라 할 수 있습니다. 이 여정은 순탄하지 않습니다. 경제적인 곤궁에 처할 수도 있고, 질병으로 고통할 수도 있으며, 사랑하는 가족과의 예기치 않은 이별로 감당할 수 없는 슬픔과 마주할 수도 있습니다. 배신의 아픔도 있을 수 있고, 교통사고와 자연재해의 위험도 있을 수 있습니다. 또 사탄의 유혹과 미혹도 있을 것입니다. 하지만 여호와께서 이스라엘 백성들을 약속의 땅인 가나안에 들어갈 때까지 인도해 주셨듯이, 주님도 우리의 여정을 인도해 주실 것입니다.

하나님은 모세를 지도자로 세워 애굽에서 종살이하고 있던 이스라엘 백성들을 구원하셨습니다. 출애굽 당시 이스라엘의 인구는 약 250만 명이었습니다. 하나님은 모세를 돕는 자로 엘리술, 가말리엘 등 일곱을 세우셨는데, 모두가 그 이름에 '엘'이라는 글자가 있습니다. '엘'은 '엘로힘'의 첫 글자입니다. 이스라엘 백성들이 하나님을 부르는 호칭에는 셋이 있는데, 곧 여호와, 엘로힘, 아도나이입니다. 엘로힘은 하나님은 강한 분이라는 것을 말하고자 할 때 사용되는 호칭이었습니다.

이스라엘 백성들은 구름이 여호와 하나님이 임재하고 계신 성막을 떠나면 행진하고, 구름이 성막 위에 머무르면 멈추었습니다. 즉, 그들은 구름의 움직임에 따라 행진과 멈춤을 반복했습니다. 이는 하나님이 그들의 여정을 인도하셨음을 말해 주는 것입니다. 하지만 광야는 250만 명의 이스라엘 백성들이 살아가기에는 환경적으로 매우 어려운 곳이었습니다. 40년의 광야 생활은 그들에게 있어서 험난한 여정이요, 고난의 연속이었습니다. 또한 광야는 낮과 밤의 일교차가 매우 큽니다. 그래서 하나님이 낮에는 구름기둥으로, 밤에는 불기둥으로 그들을 인도하셨습니다.

마실 물이 없자 하나님은 마라의 쓴 물을 단 물로 바꾸시고, 반석에서 샘물이 솟아나게 해 그들이 마시도록 하셨습니다. 그들이 먹을 것을 구하지 못하자 하나님은 매일 아침 만나를 내려 먹게 하시고, 고기가 먹고 싶다고 하자 메추라기를 보내 주셨습니다. 하나님은 이처럼 열악한 환경 가운데서도 그들에게 필요한 것을 부족함이 없도록 채워 주셨습니다.

그들이 광야 생활을 할 때 아말렉 족속이 침입해 왔습니다. 하나님은 모세에게 산으로 올라가 손을 들라고 하셨습니다. 모세가 손을 들면 이스라엘이 이기고, 손을 내리면 아말렉이 이겼습니다. 그러자 하나님은 아론과 훌로 하여금 모세의 손이 내려오지 않도록 붙들어 올리라고 하셨습니다. 이렇게 해서 이스라엘이 크게 승리했습니다. 하나님은 이처럼 가나안으로 향하는 이스라엘 백성들의 여정을 앞에서 인도하시고, 필요한 것들을 공급해 주시며, 모든 위험에서 안전하게 지켜 주셨습니다

사도 바울은 선교 여행 중 많은 고초를 겪었습니다. 고린도후서 11장 24-27절에 그가 겪었던 고초가 기록되어 있습니다. 유대인들에게 매를 맞고, 돌로 맞기도 했습니다. 파선으로 죽을 고비도 겪었고, 목마르고 배고프고 춥고 헐벗을 때도 있었습니다. 강의 위험과 바다의 위험, 시내의 위험과 광야의 위험도 있었고, 동족의 위험과 이방

인의 위험도 있습니다. 자연의 위험도 있었고, 사람들의 모함으로 옥에 갇히기도 하였으며, 적대적인 사람들로부터 죽임을 당할 뻔한 적도 있었습니다. 하지만 하나님은 그를 모든 위험에서 지켜 주시고, 곤궁에 처했을 때는 빌립보 교회로 하여금 바울에게 물질적 지원을 하도록 하셨습니다.

우리의 지난 인생 여정을 돌아보면 즐겁고 행복한 일들도 있었으나, 여러 가지 시련과 어려움도 있었습니다. 하지만 주님께서 여기까지 우리를 인도하시고 필요한 것들을 채워 주셨습니다. 우리의 남은 여정도 주님께서 인도해 주실 것입니다. 베드로는 우리를 향해 이렇게 말하고 있습니다.

"너희 염려를 다 주께 맡기라 이는 그가 너희를 돌보심이라"(벧전 5:7).

예수님은 "나는 진리다"라고 말씀하십니다. 진리의 사전적 의미는 현실이나 사실에 분명하게 맞아떨어지는 것, 또는 보편적 불변적으로 알맞은 것을 뜻합니다. 하지만 세상에 시공(時空)을 초월하는 절대적 진리는 없는 것 같습니다.

사람들이 말하는 진리는 시대에 따라, 지역에 따라 변화되거나 달라집니다. 고대 사회에서 노예제도는 자연스러운 것이었습니다. 전쟁에서 승리한 나라가 패한 나라의 백성들을 잡아가 노예로 삼는 것은 보편적 현상이었습니다. 그러나 어느 순간 이 제도는 사라

졌고, 이제 현대 사회에서는 존재하지 않습니다. 또 오늘날에는 일부일처제가 보편적이나 과거에는 일부다처제가 광범위하게 용인되었습니다. 부모와 자녀 사이의 사랑, 부부 사이의 사랑도 상황에 따라 변할 수 있습니다. 심지어 사랑이 증오로 바뀌기도 합니다.

고대 로마의 프톨레마이오스는 태양이 지구 주위를 돌고 있다는 소위 천동설을 주장했고, 사람들은 그것을 움직일 수 없는 진리로 받아들였습니다. 하지만 천동설은 1543년 코페르니쿠스에 의해 깨지고 말았습니다. 그는 《천구의 회전에 관하여》라는 저서에서, 태양이 지구 주위를 도는 것이 아니라 지구가 태양 주위를 돌고 있다는 소위 지동설을 주장했습니다. 갈릴레이도 지동설을 지지했으나, 가톨릭교회는 그를 종교재판에 회부했습니다. 계속 지동설을 주장하면 살려 두지 않겠다고 했고, 갈릴레이는 어쩔 수 없이 뜻을 굽히고 풀려났습니다. 그러나 그는 재판정을 나오면서 작은 소리로 "그래도 지구는 돈다"라는 유명한 말을 남겼습니다. 가톨릭교회는 이처럼 지동설을 주장하는 사람들의 입을 막으려 했습니다. 그렇다고 해서 지동설을 뒤집을 수는 없는 것입니다. 그것이 사실이고 진리이기 때문입니다.

뉴턴의 물리학 이론 중 일부는 아인슈타인의 상대성이론에 의해 깨지고 있습니다. 아인슈타인의 이론 역시 언젠가는 깨지거나 보완될 것입니다. 다윈의 진화론은 오늘날 도전을 받고 있습니다. 이처럼 인간의 도덕 윤리, 인간이 만들어 낸 제도, 인간이 발견한 원리 내지는 진리는 영원하지 않습니다. 또한 모든 사람에게 적용되지도 않습니다. 세상의 진리는 상대적이라 할 수 있습니다.

그런데 영원히 변하지 않는 진리가 있습니다. 그것은 바로 하나님의 말씀입니다. 이사야 선지자는 말하기를 "풀은 마르고 꽃은 시드나 우리 하나님의 말씀은 영원히 서리라"(사 40:8)라고 했습니다.

시편 기자는 말씀의 영원함을 이렇게 노래하고 있습니다.

"천지는 없어지려니와 주는 영존하시겠고 그것들은 다 옷같이 낡으리니 의복같이 바꾸시면 바뀌려니와 주는 한결같으시고 주의 연대는 무궁하리이다"(시 102:26-27).

예수님이 말씀이라고 했습니다. 예수님은 말씀이 육신이 되어 세상에 오신 분입니다. 그러므로 말씀이 곧 예수님이요, 예수님이 곧 말씀입니다. 그래서 예수님이 자신을 진리라고 말씀하신 것입니다.

나는 참 포도나무다

포도나무는 이스라엘을 나타내는 최고의 상징입니다. 유대의 성전 뜰에는 커다란 황금 포도나무들이 늘어져 있었고, 로마 제국에 반란을 일으킨 동안(주후 68~70) 주조된 모든 화폐에는 포도나무 모양이 상징적으로 새겨져 있었습니다. 또한 구약성경에는 이와 관련된 말씀이 많이 있습니다.

"주께서 한 포도나무를 애굽에서 가져다가 민족들을 쫓아내시고 그것을 심으셨나이다 주께서 그 앞서 가꾸셨으므로 그 뿌리가 깊이 박혀서 땅에 가득하며 그 그늘이 산들을 가리고 그 가지는 하나님의 백향목 같으며 그 가지가 바다까지 뻗고 넝쿨이 강까지 미쳤거늘 주께서 어찌하여 그 담을 허시사 길을 지나가는 모든 이들이 그것을 따게 하셨나이까 숲속의 멧돼지들이 상해하며 들짐승들이 먹나이다 만군의 하나님이여 구하옵나니 돌아오소서 하늘에서 굽어 보시고 이 포도나무를 돌보소서 주의 오른손으로 심으신 줄기요 주를 위하여 힘있게 하신 가지니이다 그것이 불타고 베임을 당하며 주의 면책으로 말미암아 멸망하오니"(시 80:8-16).

이 시편의 내용을 해석하면 이렇습니다.

여호와 하나님이 애굽에서 종살이하고 있던 이스라엘 백성들을 해방시켜 약속의 땅인 가나안으로 인도하시고, 그곳에 살고 있던 족속들을 몰아내고 정착하도록 하셨습니다. 다윗 왕 시대에는 그 영토가 남쪽으로는 애굽강에서부터 북쪽으로는 유브라데까지 확장되었습니다. 하지만 이스라엘 백성들이 여호와 하나님을 버리고 우상을 섬기자 하나님이 그들을 징계하시어 멧돼지와 들짐승 같은 앗수르와 바벨론의 먹이가 되게 하셨습니다. 이렇게 해서 하나님이 심으신 포도나무가 불타고 말았다는 것입니다.

"내가 사랑하는 자에게 포도원이 있음이여…땅을 파서 돌을 제하고 극상품 포도나무를 심었도다…좋은 포도 맺기를 바랐더니 들포도를 맺었도다…내가 그 울타리를 걷어 먹힘을 당하게 하며 그 담을 헐어 짓밟히게 할 것이요"(사 5:1-6).

"내가 너를 순전한 참 종자 곧 귀한 포도나무로 심었거늘 내게 대하여 이방 포도나무의 악한 가지가 됨은 어찌 됨이냐"(렘 2:21).

이방 신들을 섬기는 이스라엘 백성들을 향한 하나님의 질책입니다.

> "이스라엘은 열매 맺는 무성한 포도나무라 그 열매가 많을수록 제단을 많게 하며 그 땅이 번영할수록 주상을 아름답게 하도다 그들이 두 마음을 품었으니 이제 벌을 받을 것이라 하나님이 그 제단을 쳐서 깨뜨리시며 그 주상을 허시리라"(호 10:1-2).

이스라엘 백성들이 하나님과 이방 신을 함께 섬기니 이에 대해 하나님의 징계가 있을 것이라는 경고입니다.

하나님은 아브라함을 부르시고 그를 복의 근원이 되게 하셨습니다. 땅의 모든 족속이 그로 말미암아 복을 얻을 것이라고 하셨습니다(창 12:1-3). 하나님은 아브라함의 후손인 이스라엘 백성들을 자기 백성으로 택하셨습니다. 하나님이 아브라함을 부르시고 이스라엘을 자기 백성으로 택하신 데는 이유가 있었습니다. 그들을 통해 열방이 복을 받게 하기 위해서였습니다. 다시 말하면 모든 사람이 구원받을 수 있게 하려는 것이었습니다.

그런데 이스라엘 백성들은 하나님의 이러한 뜻에 부응하지 못했습니다. 하나님의 구원이 땅끝까지 이르게 하는 데 실패했습니다. 열방의 구원은커녕 이방 나라들의 우상에 사로잡히곤 했습니다. 그들은 가나안에 거주할 때 이방인들이 섬기던 바알과 아세라를 섬겼습니다. 이로 인해 하나님은 모압, 암몬, 블레셋, 미디안 족속을 통해 이스라엘 백성들을 징계하셨습니다. 하지만 그들은 잠시 회개했을 뿐 여전히 우상을 섬겼습니다.

다윗이 죽고 솔로몬이 왕위에 오르자 그때부터 이스라엘은 영적으로 타락하기 시작했습니다. 선지자들의 경고에도 영적 타락은 더 심화되었습니다. 여호와 하나님과 이방 신에 양다리를 걸치고 살아갔습니다.

하나님은 자신이 심은 포도나무가 열매를 맺지 못하자, 다시 말하면 이스라엘이 자기에게 맡겨진 사명을 감당하지 못하자, 참 포도나무를 심으셨습니다. 그 참 포도나무가 바로 예수님입니다. 예수님은 이렇게 말씀하십니다.

"나는 참 포도나무요 내 아버지는 농부라 무릇 내게 붙어 있어 열매를 맺지 아니하는 가지는 아버지께서 그것을 제거해 버리시고 무릇 열매를 맺는 가지는 더 열매를 맺게 하려 하여 그것을 깨끗하게 하시느니라"(요 15:1-2).

포도나무는 열매를 맺기 위해 존재합니다. 농부는 포도나무가 많은 열매를 맺게 하기 위해 필요하면 가지를 치기도 합니다. 이는 풍성한 선교의 열매를 맺는 데는 시련과 고통이 수반될 수 있다는 것을 의미합니다.

기독교의 역사를 보면 신자들이 신앙을 지키기 위해 국가 권력이나 반대 세력으로부터 혹독한 탄압을 받았고, 수많은 사람이 순교하기도 했습니다.

초대 교회 시대 300년 동안 혹독한 시련을 겪었습니다. 이 시대를 가리켜 '교회의 영웅적 시대'라 부릅니다. 예수님의 제자인 야고보는 헤롯 왕에게 죽임을 당하고, 스데반은 예수님을 담대히 증거하다 유대교 종교 지도자들과 그들을 따르는 사람들에 의해 돌에 맞아 죽었습니다. 전해 오는 이야기에 의하면 바울은 감옥에 갇혀 있다가 결국 목 베임을 당했고, 베드로는 십자가에 거꾸로 매달려 죽었다고 합니다.

네로 황제는 자기가 로마에 불을 질러 엿새 동안 불타게 한 뒤 민심이 흉흉해지자 방화 혐의를 기독교인들에게 뒤집어씌우고 그들에게 혹독한 박해를 가했습니다. 이때 수많은 기독교인이 처참한 죽임을 당했습니다. 네로의 박해 이후 100년 동안 로마에서의 기독교인들에 대한 박해는 잠잠했습니다. 하지만 로마 제국의 다른 곳에서는 많은 사람이 순교했습니다. 대표적인 순교자로 이그나티우스, 폴리캅, 저스틴 등이 있습니다.

아우렐리우스 황제는 기독교인들의 재산은 그들의 고소자들에게 주어야 한다는 칙령을 선포했습니다. 이 선포로 사람들이 기독교인들을 색출해 재산을 빼앗고, 고문을 가하거나 죽이기도 했습니다. 순교자들의 뼈는 불태워 그 재를 강에 뿌렸습니다. 그러면서 이렇게 조롱했습니다.

"이제 우리는 그들의 몸이 부활하는 것을 어디에서 볼 수 있을까?"

교회는 이처럼 많은 시련을 겪었으나, 결국은 승리했습니다. 콘스탄티누스 황제가 313년 칙령을 발표했습니다. 기독교도 로마 제국에 있는 다른 종교들과 함께 법률 앞에서 동등하다는 내용이었습니다. 기독교인들은 이 칙령으로 더이상 숨어서 예배드릴 필요가 없게 되었습니다. 기독교가 로마 제국으로부터 인정을 받은 것입니다. 기독교는 그 후 영국과 독일을 거쳐 전 유럽에 전파되었습니다.

오늘날에도 세계 곳곳에서 선교사들이 순교 당하고 있습니다. 그럼에도 기독교의 복음은 전 세계 구석구석까지 전파되고 있습니다. 포도나무처럼 많은 결실을 맺고 있습니다.

예수님은 "나는 포도나무요 너희는 가지라"라고 하셨습니다. 이는 예수님이 하나님으로부터 보내심을 받은 것처럼, 제자들 역시 세상으로 보냄을 받았다는 것입니다. 사도로 불리는 사람이 열네 명 있습니다. 가룟 유다를 제외한 열한 명의 제자, 가룟 유다를 대신해 사도가 된 맛디아, 예수님의 동생인 야고보, 그리고 바울입니다. 이들은 모두 예수님의 부르심과 택함을 받았습니다. 맛디아는 제비뽑기로 사도가 되었는데, 이는 사람들의 의사가 전혀 개입되지 않은 것으로, 사람들은 이를 주님의 뜻이라 생각했습니다. 바울은 다메섹 도상에서 부활하신 예수님을 만났습니다. 이는 복음 사역을 위해 예수님의 택함을 받은 것이라고 보아야 합니다. 예수님은 말씀하십니다.

"너희가 나를 택한 것이 아니요 내가 너희를 택하여 세웠나니"

(요 15:16).

부활하신 예수님은 아나니아에게 바울에게 가라고 하시면서 이렇게 말씀하셨습니다.

> "이 사람은 내 이름을 이방인과 임금들과 이스라엘 자손들에게 전하기 위하여 택한 나의 그릇이라"(행 9:15).

예수님이 이방인들을 위한 사도로 바울을 택하신 것을 알 수 있습니다.

사도들뿐 아니라 믿는 사람들 역시 복음을 위해 주님의 택함을 받은 존재입니다. 그러므로 예수님이 승천하신 후에는 제자들과 사도들, 그리고 믿는 사람들이 예수님의 복음 사역을 감당해야 한다는 것입니다. 이와 관련해 바울은 이렇게 말합니다.

> "내가 복음을 전할지라도 자랑할 것이 없음은 내가 부득불 할 일임이라 만일 복음을 전하지 아니하면 내게 화가 있을 것이로다"(고전 9:16).

불교와 힌두교 등 다른 종교는 창시자가 사명을 완성했다고 볼 수 있습니다. 하지만 기독교에서 예수님의 복음 사역은 완성이 아니라 시작입니다. 이 복음 사역은 택함을 받은 사람들을 통해 예수님의 재림 때까지 계속될 것입니다. 신자들이 복음 사역을 잘 감당하기 위해서는 예수님 안에 거해야 합니다. 예수님은 이렇게 말씀하고 있습니다.

> "나는 포도나무요 너희는 가지라 그가 내 안에, 내가 그 안에 거하면 사람이 열매를 많이 맺나니 나를 떠나서는 너희가 아무것도 할 수 없음이라"(요 15:5).

주님이 우리와 함께하지 않으면 우리는 선교 사명을 감당할 수 없다는 것입니다. 하나님의 영광을 위해 열매를 맺는 것은 인간의 힘으로는 가능하지 않습니다. 우리를 통한 예수 그리스도의 일이기 때문입니다. 그래서 예수님이 "너희가 내 안에 거할 때 많은 열매를 맺는다"라고 말씀하신 것입니다.

바울은 세 차례의 선교 여행을 하면서 풍성한 선교의 열매를 맺었습니다. 모세는 하나님의 능력의 손에 붙들렸기에 이스라엘 백성들을 애굽에서 이끌어 낼 수 있었습니다. 기드온을 비롯한 사사들은 하나님의 손에 붙들렸기에 이스라엘 백성들을 괴롭혔던 이민족들을 물리칠 수 있었습니다. 소년 다윗은 하나님의 손에 붙들렸기에 거인 골리앗을 쓰러뜨려 블레셋과의 전투에서 승리했습니다. 바울도 이들처럼 주님의 손에 붙들렸기에 선교 사역을 훌륭히 감당할 수 있었던 것입니다. 바울은 소아시아, 헬라, 로마 지역을 다니면서 수많은 사람을 주님께 인도했습니다. 고린도, 데살로니가, 에베소 등 가는 곳마다 교회를 세웠고, 디모데를 비롯해 많은 제자를 양성했습니다. 바울은 이 모든 일은 자기가 한 것이 아님을 이렇게 증언하고 있습니다.

"내가 모든 사도보다 더 많이 수고하였으나 내가 한 것이 아니요 오직 나와 함께하신 하나님의 은혜로라"(고전 15:10).

바울은 또 이렇게 말합니다.

"내게 능력 주시는 자 안에서 내가 모든 것을 할 수 있느니라"(빌 4:13).

주님께서 자기 안에 거하고 계시기에 복음 사역을 감당할 수 있었다는 고백입니다.
또 선교의 열매를 맺으려면 예수님의 이름으로 기도해야 합니다. 예수님은 말씀하십니다.

"너희가 내 안에 거하고 내 말이 너희 안에 거하면 무엇이든지 원하는 대로 구하라 그리하면 이루리라"(요 15:7).

"너희가 나를 택한 것이 아니요 내가 너희를 택하여 세웠나니 이는 너희로 가서 열매를 맺게 하고 또 너희 열매가 항상 있게 하여 내 이름으로 아버지께 무엇을 구하든지 다 받게 하려 함이라"(요 15:16).

기도는 성도들이 선교하는 데 있어서 매우 중요합니다. 그러나 안타깝게도 오늘날 많은 교회에 야고보가 말한 것처럼 기도가 부족합니다.

"너희가 얻지 못함은 구하지 아니하기 때문이요"(약 4:2).

그렇다고 기도 자체가 열매 맺는 선교를 절대적으로 보장해 주는 것은 아닙니다. 중언부언하는 기도, 자기의 영광을 드러내기 위한 기도로는 열매를 맺을 수 없습니다. 선교를 통해 하나님께 영광을 돌리겠다고 기도할 때 그 기도는 무한한 잠재력이 있습니다.

선교의 열매를 맺으려면 공동체 안에 성도들 간의 사랑이 있어야 합니다. 예수님은 말씀하십니다.

"아버지께서 나를 사랑하신 것같이 나도 너희를 사랑하였으니 나의 사랑 안에 거하라"(요 15:9).

"내가 너희를 사랑한 것같이 너희도 서로 사랑하라"(요 15:12).

성도들이 서로 그리스도의 사랑으로 사랑하는 것 역시 열매 맺는 선교의 기초라 할 수 있습니다. 예수님의 사랑은 친구를 위해 자기 목숨까지도 버린 그런 사랑이었습니다. 그러므로 예수님의 "서로 사랑하라"라는 말씀은 형제를 위해 목숨까지도 버릴 수 있어야 한다는 것입니다.

> "그가 우리를 위하여 목숨을 버리셨으니 우리가 이로써 사랑을 알고 우리도 형제들을 위하여 목숨을 버리는 것이 마땅하니라"(요일 3:16).

예수님이 우리를 위해 죽으셨다는 것은 무엇보다 우리에게 가장 큰 존엄과 사랑의 증거가 됩니다. 우리는 이제 종이 아니라 예수님의 친구입니다.

> "이제부터는 너희를 종이라 하지 아니하리니 종은 주인이 하는 것을 알지 못함이라 너희를 친구라 하였노니 내가 내 아버지께 들은 것을 다 너희에게 알게 하였음이라"(요 15:15).

예수님이 진리를 우리와 나누신다는 것은 예수님의 사랑이 우리에게 주어졌다는 증거입니다. 이처럼 놀라운 사랑과 존귀함을 우리에게 준 친구는 없습니다. 우리가 예수님에게서 받은 놀라운 사랑과 존귀함을 마음에 새길 때, 우리는 주님을 위한 복음 사역을 더 효과적으로 감당할 수 있습니다. 또한 다른 사람들에게 복음을 전할 때도, 예수님이 그들의 친구가 될 수 있다는 사실을 알려 줌으로써 그들을 주님께 인도할 수 있습니다.

포도나무가 열매를 맺는 것은 하나님을 기쁘게 하기 위해서입니다. 선교도 마찬가지입니다. 그런데 열매는 항상 있어야 합니다(요 15:16). 갑자기 폭발적인 열심을 보이다가 잠잠해지는 사람들이 있습니다. '단명한' 열매는 하나님을 기쁘게 할 수 없습니다. 하나님을 기쁘게, 영광스럽게 하는 열매는 '항상 있는' 열매입니다.

예수, 그는 누구인가?

1판 1쇄 인쇄 _ 2025년 7월 25일
1판 1쇄 발행 _ 2025년 7월 30일

지은이 _ 이영규
펴낸이 _ 이형규
펴낸곳 _ 쿰란출판사

주소 _ 서울특별시 종로구 이화장길 6
편집부 _ 745-1007, 745-1301~2, 747-1212, 743-1300
영업부 _ 747-1004, FAX 745-8490
본사평생전화번호 _ 0502-756-1004
홈페이지 _ http://www.qumran.co.kr
E-mail _ qrbooks@daum.net / qrbooks@gmail.com
한글인터넷주소 _ 쿰란, 쿰란출판사
페이스북 _ www.facebook.com/qumranpeople
인스타그램 _ www.instagram.com/qrbooks
등록 _ 제1-670호(1988.2.27)
책임교열 _ 이주련·최진희

ⓒ 이영규 2025 ISBN 979-11-94464-92-1 03230

책값은 뒤표지에 있습니다.
이 출판물은 저작권법에 의해 보호를 받는 저작물이므로 무단 복제할 수 없습니다.
파본(破本)은 구입처에서 교환해 드립니다.